2015年国家社会科学基金一般项目资助（15
河南财政金融学院科研启动基金资助（2021〗
河南财政金融学院学术著作出版基金资助

企业网络关系对技术创新绩效的影响机理研究

以技术创新动态能力为中介

王安琪 ◎ 著

中国财经出版传媒集团

经济科学出版社

Economic Science Press

图书在版编目（CIP）数据

企业网络关系对技术创新绩效的影响机理研究：以技术创新动态能力为中介/王安琪著．－－北京：经济科学出版社，2023.3

ISBN 978－7－5218－4612－6

Ⅰ．①企…　Ⅱ．①王…　Ⅲ．①企业管理－影响－企业创新－企业绩效－研究－中国　Ⅳ．①F273.1

中国国家版本馆 CIP 数据核字（2023）第 045140 号

责任编辑：顾瑞兰
责任校对：王京宁
责任印制：邱　天

企业网络关系对技术创新绩效的影响机理研究
——以技术创新动态能力为中介
王安琪　著
经济科学出版社出版、发行　新华书店经销
社址：北京市海淀区阜成路甲 28 号　邮编：100142
总编部电话：010-88191217　发行部电话：010-88191522
网址：www. esp. com. cn
电子邮箱：esp@ esp. com. cn
天猫网店：经济科学出版社旗舰店
网址：http://jjkxcbs. tmall. com
固安华明印业有限公司印装
880×1230　32 开　8.375 印张　200 000 字
2023 年 3 月第 1 版　2023 年 3 月第 1 次印刷
ISBN 978－7－5218－4612－6　定价：59.00 元
（图书出现印装问题，本社负责调换。电话：010－88191545）
（版权所有　侵权必究　打击盗版　举报热线：010－88191661
QQ：2242791300　营销中心电话：010－88191537
电子邮箱：dbts@esp. com. cn）

谨以此书献给我的恩师
——中南财经政法大学博士生导师熊胜绪教授

前　言

今天，创新变得越来越开放，企业竞争优势不仅源于自身拥有的资源和能力，而且源于企业的外部联系。技术和经济环境的不确定性使得内部技术知识的开发和利用代价高昂，风险甚大。仅仅从内部管理知识限制了从外部获取新思想和新知识的能力，内部知识积累不是技术创新的唯一来源，借助网络关系持续地从外部搜寻新知识也很关键。企业通过网络关系被连接到更广泛的创新系统中，与关系伙伴共同面对技术和市场变化带来的风险。通过网络关系进行外部知识获取对企业技术创新具有重要价值，网络关系是能为企业带来竞争优势的重要战略资源，已构成开放式创新的重要维度。创新发生在全球分散的组织中，这些组织跨越日益渗透的边界交换技术知识，企业拥有或控制的资源可以，也应该突破组织边界，组织内外部的界限日渐模糊。安全而稳定的网络关系以规模效益和丰富的知识基础影响着企业技术创新。外部技术获取能降低内部技术开发的风险，更好地应对技术开发成本和技术复杂性的增加，不但能取得范围经济和规模经济，也能获取内部难以开发的新知识，还可以重构现有知识基础。网络关系作为应对日益开放和动荡的创新环境的组织形态，已受到理论界和企业界的普遍关注。

然而，学者对企业网络关系的内涵界定、维度划分等存在分歧，其理论体系尚不成熟，网络关系与企业竞争优势的关系还需要进一步探索。在对网络关系的内涵、维度进行深入研究的基础上，进一步探索网络关系和技术创新绩效之间的作用机理，不仅能极大丰富技术创新理论，而且对于企业有效利用网络关系进行技术创新，以应对动态的技术和市场环境具有重要的现实意义。

本书在系统梳理相关文献的基础上，依循资源基础观"资源—能力—绩效"的研究范式，建构了以组织创新氛围和环境动态性为调节变量的"网络关系—技术创新动态能力—技术创新绩效"理论模型。以我国技术密集型企业为调查对象，理论分析和实证检验了网络关系对技术创新绩效的直接影响，技术创新动态能力在网络关系与技术创新绩效之间的中介效应，组织创新氛围在网络关系与技术创新动态能力之间的调节效应，以及环境动态性在技术创新动态能力与技术创新绩效之间的调节效应。

本书的主要内容有：（1）基于对网络关系、技术创新动态能力、技术创新绩效、组织创新氛围和环境动态性等文献的系统梳理，界定了网络关系、组织创新氛围和环境动态性等关键构念的概念和维度。（2）理论分析和实证检验了网络关系影响企业技术创新绩效的内在机理。首先，建构了以技术创新动态能力为中介变量、组织创新氛围和环境动态性为调节变量的网络关系影响企业技术创新绩效的理论模型，对这些变量间的关系进行深入系统的理论分析，提出相应的理论假设。其次，运用 SPSS24.0 和 AMOS22.0 等统计软件，通过描述性统计分析、因子分析、回归分析及 SEM 结构方程模型建构等方法检验网络关系通过技术创新动态能力影响技术创新绩效的作用机理。（3）在已有文献的基础上，结合企业实地调研和相关专家观点，开发了企业网络关系、组织创新氛围和环境动态性的测量量表。（4）基于理论研究和实证分析的结果，得出本书的研究结论，从网络关系构建、技术创新动态能力建设、组织创新氛围营造等方面提出提升技术创新绩效的对策建议。

通过理论研究和实证分析，本书的主要研究结论有：（1）网络关系各维度对技术创新动态能力各维度均有显著的正向影响。但在具体维度上，网络关系三维度关系选择、关系维护、关系利用对技术创新动态能力三维度技术机会感知能力、创新资源整合能力、组织变革能力的影响程度略有差异。（2）技术创新动态能力各维度对技术创新绩效均有显著的正向影响。但在具体维度上，技术创新动态能力各维度对技术创新绩效的影响程度略有差异。（3）网络关系中的网络关系选择和网络关系利用对技术创新绩效具有显著的直接正向影响。网络关系维护对技术创新绩效的直接正向影响在统计上不显著，网络关系维护对技术创新绩效的影响需要通过技术创新动态能力的中介作用。（4）技术创新动态能力对网络关系与技术创新绩效的关系的中介效应显著。在具体维度上，技术创新动态能力各维度对网络关系各维度与技术创新绩效关系的中介作用不同。其在网络关系选择、网络关系利用与技术创新绩效之间发挥部分中介效应，而在网络关系维护与技术创新绩效之间发挥完全中介效应。（5）组织创新氛围对网络关系和技术创新动态能力之间的关系发挥正向调节作用。组织创新氛围正向调节网络关系选择、网络关系利用与技术创新动态能力各维度之间的关系。组织创新氛围对网络关系维护与技术机会感知能力、组织变革能力之间的关系的调节作用在统计上不显著，但正向调节网络关系维护与创新资源整合能之间的关系。（6）环境动态性对技术创新动态能力和企业技术创新绩效发挥正向调节作用。技术动态性正向调节技术创新动态能力各维度和技术创新绩效的关系。市场动态性对技术机会感知能力、创新资源整合能力与技术创新绩效之间的关系具有显著的调节作用，但对组织变革能力与技术创新绩效之间的关系的调节作用在统计上不显著。（7）企业竞争优势在内部条件与外部环境适当交互中产生。本书的理论研究与实证分析表明，技术创新动态能力在网络关系与组织创新氛围交互中产生，技术创新绩效在技术创新动态能力与环境动态性交互中产生。由此推断，企业竞争优势是在企业内外部因素的相互作用中产生的。

本书的创新点有：（1）对网络关系的维度构成做出新的界定。本书在大量梳理社会网络和战略联盟等相关文献的基础上，系统、多维地对网络关系的内涵进行界定，强调了网络关系是组织的外部战略创新资源的基本属性。并结合相关学者对于网络关系和技术联盟的观点，依据网络关系的逻辑构建过程，进一步提出网络关系的关系选择、关系维护和关系利用等构成维度。（2）开发了网络关系、组织创新氛围和环境动态性测量量表。本书严格遵照专家提出的量表开发程序，结合演绎法和归纳法开发相关构念量表，在基于初始题项收集的预调研数据通过信度效度和因子分析后，确定正式的量表题项。（3）依据资源基础观，建构"网络关系—技术创新动态能力—技术创新绩效"理论模型。在分析和验证网络关系、技术创新动态能力对企业技术创新绩效直接效应的基础上，理论分析和实证检验技术创新动态能力在网络关系与技术创新绩效之间的中介效应。（4）探讨和验证了组织创新氛围在网络关系与技术创新动态能力之间，以及环境动态性在技术创新动态能力与技术创新绩效之间的调节作用。依据权变理论，将组织创新氛围作为调节变量纳入网络关系对技术创新动态能力作用机制的探讨中，分析了组织创新氛围如何影响网络关系各维度和技术创新动态能力各维度的关系。同时，依据企业能力产生竞争优势的作用情境，将环境动态性作为调节变量纳入研究范畴，分析了技术和市场环境的动态水平如何影响技术创新动态能力各维度与技术创新绩效的关系。研究结果在一定程度上解释了网络关系、技术创新动态能力和技术创新绩效之间的作用机制，确定了企业网络关系和技术创新动态能力产生竞争优势的边界条件。

基于本书的理论研究和实证分析，本书提出：在开放、动态的创新环境中，企业为了提升技术创新绩效，应该重视网络关系的作用，积极构建外部网络关系。技术创新动态能力在网络关系与技术创新绩效之间具有中介效应，因此，要提升技术创新绩效，企业还应积极提升技术创新动态能力。基于组织创新氛围的调节作用，在通过构建网络关系提升技术创新动态能力的过程中，企业应培育浓郁的组织创新氛围，强化网络关系对技术创新动态能力的影响。基于环境动态性在技术创新动态能力与技术创新绩效之间的调节作用，在动荡的技术和市场环境中，企业应积极构建环境信息搜寻系统，提升对技术和市场机会的感知和识别能力，增强技术创新动态能力对技术创新绩效的积极影响。

目　录

第一章 导 论

第一节 选题背景与研究意义

一、选题背景

（一）创新驱动已成为我国经济高质量发展的重要战略选择

中华人民共和国成立后，我国为解决当时"人民日益增长的物质文化需求同落后的社会生产之间的矛盾"，必须快速发展经济。经过70余年经济建设，特别是40余年改革开放的快速发展，我国经济体量明显增大，经济总量已居世界第二位。随着经济总量的增大，我国社会主要矛盾已从人民日益增长的物质文化需要同落后的社会生产之间的矛盾转化为人民日益增长的美好生活需要和不平衡不充分的发展之间的矛盾。经济社会发展不平衡不充分、经济结构失衡、生产效率不高、社会民生建设滞后、资源环境约束趋紧等，成为满足人民对美好生活需要的重要制约因素。人民日益增长的美好生活需要不是单纯的物质需求，日益表现为人的全面发展需求，既包括物质和精神生活的丰富，也包括对良好生态环境的需要等。只有经济高质量发展，才能高效率高效益地为全社会持续而公平地提供高质量产品和服务，满足人民对物质文化生活的更高要求。

注重数量、规模和速度的外延式、粗放式经济增长是要素驱动的经济增长，即依靠增加劳动力、资金、土地等生产要素投入增加产品数量、扩大生产规模的经济增长。实践的结果是，这种以资源消耗驱动增长的模式不仅对环境造成了巨大破坏，还造成了我国经济资源的日益稀缺和要素价格的上升。随着人力成本上升，人口红利逐渐消失，资源稀缺性带来了要素报酬的递减，这些使得我国以劳动力、资源、土地等要素驱动的高速增长已难以为继。面对这一新形势，党和国家提出了我国经济增长从高速度增长向高质量发展转变的任务。

高质量发展的动力不是要素驱动，而是创新驱动。创新驱动需要加强科技创新，提高全要素生产率，实现要素投入少、资源配置效率高、环境成本低、社会效益好的经济可持续发展。在微观层面，科技创新能促进产品结构由低技术含量、低附加值转向高技术含量、高附加值，创造出多样化、高品质的产品。在中观层面，科技创新能促进产业由资源和劳动密集型向技术和知识密集型转变，促进生态环境由高排放、高污染向循环发展和环境友好转变，可缓解资源环境与经济发展之间的突出矛盾，推动产业转型升级和可持续高质量发展。在宏观层面，科技创新能促进资本、土地、劳动力等旧生产要素转向人才、技术、制度、管理、信息等新要素，整合各类创新资源，扩大资源范围和突破要素瓶颈，改变要素组合方式，提升劳动者素质，提高全要素生产率，进而促进经济发展的可持续性。因此，坚持创新是第一动力，实施创新驱动发展战略，发展动能由要素驱动转向创新驱动，充分发挥科技创新对企业发展战略的引领作用，持续优化资源配置，提高全要素生产率，成为企业面临的重要任务。

（二）开放式创新已成为当代企业技术创新的重要模式

传统创新理论一般都假定企业技术创新是在组织内部完成的，强调内部技术资源的开发和利用。这种封闭式创新模式似乎能产生良性循环：组织首先基于技术新趋势或顾客新需求，自己在内部投入相当经费以开发新技术，并密切关注利用知识产权保护这些成本高昂的新技术，然后将新技术转化为新产品，以实现技术的产业化价值，赚取高额利润，继而再在组织内部投入更多资金用于技术研发。然而当今，顾客需求的多元化和个性化以及科技日新月异导致产品生命周期日益缩短，知识员工流动不断增强，风险投资风起云涌，技术转让、开放源码、创新社群等外部技术获取选择日益增加，这些因素都导致企业技术创新环境发生着重大变化。封闭式创新限制企业从外部获取新思想和新知识的能力，一些技术因脱离市场需求或产业化成本过于高昂而无法实现商业化价值，成本高、风险大等劣势不断显露，其良性循环被中止。此时，企业需要借助开放式创新来降低内部研发的创新风险和创新成本。开放式创新模式指企业可以并应当整合内外部所有有价值的创新资源进行技术创新，利用组织内外部两个市场将创新产品商业化，即开放式创新是企业有意图地利用知识在组织内外部的流动而实现的价值创新。当前，封闭创新模式逐渐被不同组织主体的协同创新模式所替代，创新资源变得更加分散，创新过程更加开放。开放式创新不再强调对创新资源的所有权和控制权，而是强调对创新资源的获取和整合。创新活动不再被严格控制在组织内部进行，而是嵌入组织间关系通过与其他组织合作来完成。开放式创新能更好地应对内部技术开发成本和技术复杂性的增加，不但能取得范围经济和规模经济，也能获取内部难以开发的新知识，还可以重构现有知识。企业创新竞争优势的取得不再单独依靠蓄积知识存量，而是依靠组织间的知识交换以及创新收益的分享。企业通过组织间的网络关系被连接到更广泛的创新系统中，共同面对由于市场和技术变化带来的风险和不确定性。组织间网络关系是企业获取外部知识的重要通道，可以提供使用互补技术的途径，以规模效益和丰富的知识基础影响企业创新，网络中制度化的协作规则能促进成员间知识共享，进而影响技术创新。

（三）国际上的贸易摩擦和科技战彰显了企业持续技术创新能力的重要性

2018 年以来，中美贸易摩擦持续升级，发达国家对我国出口产品加征关税和配额，众多制造企业面临汇率和关税等挑战，其国外客户纷纷在全球范围内寻找替代者，造成我国企业在国际市场的订单和出口利润持续下滑，最终传导至制造行业的末端神经，导致一些企业退出市场。

随着时间推移，贸易摩擦愈演愈烈，发达国家对我国从限制出口升级至投资限制、技术封锁、人才交流中断等，对核心技术或核心零部件高度依赖国外的高科技企业通过严格限制向我国出口关键技术和高科技产品进行打压，中兴和华为等事件表明，当今中美贸易摩擦已升级至科技战，双方博弈集中在中高端制造业和科技创新能力上。发达国家对华为断供等案例表明，其目标不仅是缩减贸易逆差，还剑指中国产业升级和经济崛起，尤其对中国高科技发展进行遏制。落后就要挨打，曾经的技术落后导致遭受坚船利炮的欺辱，现在的技术落后遭受高科技封锁。中美贸易摩擦和科技战表明，中高端制造能力和科技创新能力依赖于别人存在巨大隐患，制造企业和高新技术企业只有自己掌握核心科技，才不会轻易受到环境的牵制，表明在国际市场上中国企业相较于技术发达的国家，其技术创新能力是薄弱的，这对中国企业在国际市场上的技术创新提出了新的要求。

提升我国企业在风云变幻的国际市场中的竞争力要求企业通过自主创新，在基础研究上下功夫，突破"卡脖子"的核心技术来抵御外部威胁，开拓多元化国际市场。当然，自主创新不等于关起门来自己干，需要构建全球视野下的创新观，建构网络关系保持合作开放。根据国际市场准入条件和竞争形势，生产出标准复杂多样、技术含量高、产品附加值大、替代性低的产品，为此，中国企业必须自力更生，攻关核心技术，提升技术创新能力，摆脱长期以来全球化为中国安排的诸如在中高端芯片设计和制造方面的低成本和低技术方案。另外，贸易摩擦和科技战反映出当今企业经营环境的动荡性不断增加，创新可能很快被模仿，技术创新扩散和产品升级换代加快，产品生命周期缩短，领先的产品和技术被替代的时间缩短，竞争优势的毁灭速度加快，企业只有通过持续的技术创新，才能在当今国际贸易摩擦和科技战不断加剧的国际市场中应对环境的动态变化，保持可持续的竞争优势。

二、问题提出和拟解决的主要问题

网络关系对于技术创新的重要性已得到一定认可，然而，学界对于网络关系与技术创新绩效关系的研究却没有得出一致的结论。一些学者认为，组织网络对创新绩效具有正向影响，而管理太多关系的成本可能超过知识创造的收益，从而对创新产生负面影响。同时，也有一些研究认为，企业间的强连接通过创新成果采纳、知识创造和知识转移对创新绩效产生积极影响。企业间的亲近可能导致企业间知识更加相似和互补，可以增加伙伴相互学习的能力，从而提高创新绩效。但是，紧密连接与创新绩效间可能是倒"U"型关系，它对获取新思想的能力可能产生负面影响。

自21世纪以来，产业环境日益动态。在动态环境中，一些具有杰出技术创新能力、开发出许多具有重要市场价值产品的企业，如摩托罗拉、诺基亚、柯达等公司因没能适时创造出新的符合顾客需求的产品而走向了衰落。这表明，在动态环境中，持久竞争优势源于动态的技术创新能力。据此，学界提出了"技术创新动态能力"这个概念。技术创新动态能力是由哪些因素决定的，是理论界和科技管理界关注的问题。在探索哪些因素决定着企业的技术创新动态能力时，网络关系进入了学者们的研究视野。但技术创新动态能力作为较新的概念，其决定因素的研究刚开始，虽然网络关系受到了人们的关注，但研究还较笼统，不够系统和深入，缺乏必要的理论研究和实证分析。

以上分析可以看出，无论是网络关系与技术创新绩效的关系，还是技术创新动态能力的来源及其对技术创新绩效的影响，都是需要进一步研究的问题。据此，本书基于资源基础观，将"网络关系—技术创新动态能力—技术创新绩效"纳入一个分析框架。在厘清网络关系和技术创新动态能力的内涵、维度构成的基础上，采用理论研究与实证分析相结合的方法，揭示它们三者之间的作用机理，基于理论研究与实证分析结论，提出网络关系构建和技术创新动态能力培育的对策建议。

三、研究意义

（一）理论意义

1. 本书在一定程度上丰富了企业网络关系理论

网络关系作为企业管理领域的重要概念，虽早有提出，但存在概念界定不清、系统性理论基础匮乏的问题。在理论上，准确把握其内涵、科学厘清其维度构成是推动理论研究不断深入和开展实证分析的前提。本书在完善网络关系内涵、维度构成、作用等理论的基础上对网络关系对技术创新绩效的影响机理进行研究，是对企业网络关系理论研究的丰富与扩展。

2. 本书在一定程度上丰富了企业技术创新理论

对网络关系、技术创新动态能力、技术创新绩效三者之间的关系，以及组织创新氛围在网络关系与技术创新动态能力之间的调节作用、环境动态性在技术创新动态能力与技术创新绩效之间的调节作用进行研究，拓展和丰富了企业技术创新理论。

3. 本书在一定程度上深化了企业动态能力理论

技术创新动态能力是动态能力的重要部分，技术创新动态能力研究可视为企业动态能力研究的一部分。本书把外部网络关系视为企业重要的战略资源，探究技术创新动态能力在网络关系与技术创新绩效之间的中介作用，不仅是企业技术创新理论研究的拓展，在一定程度上深化了企业动态能力理论研究。

（二）现实意义

1. 企业层面，利于企业在动态环境中构建网络关系以提高技术创新能力从而维持可持续竞争优势

本书利于企业转变传统的封闭式创新管理思想，积极寻求促进创新绩效的外部创新网络关系，整合内外部资源以弥补内部创新资源的不足。随着科技日新月异和竞争加剧，企业须持续培育技术创新和动态能力维持竞争优势以适应动荡的外部环境。任何企业内部不太可能拥有技术创新所需的全部资源，这就要求企业积极构建网络关系获取外部创新资源。在开放式创新范式下，企业应根据技术和市场环境以及内部资源变化，动态整合和重构技术创新所需的网络资源，通过营造组织创新氛围提升技术创新动态能力。因此，本书对指导企业如何在动态环境下，通过构建网络关系提升技术创新动态能力和技术创新绩效以实现可持续竞争优势，具有重要的现实意义。

2. 产业层面，利于推动我国制造业转型升级

我国传统制造业处于世界产业链中下游，科技创新正成为推动制造业结构转型升级的引擎。制造业转型升级的"转型"

指转变经济增长的"类型"：把粗放型转为集约型，由投资驱动转向创新驱动。制造业结构升级遵循"劳动密集型—资本密集型—技术密集型"的路径。制造业转型升级的基础是制造企业的转型发展，面对资源能源和环境压力的增大、要素成本的增加，如何构建技术创新动态能力，成为传统制造企业转型升级的关键。本书通过对网络关系等概念的内涵、维度构成及其关系的研究，帮助企业通过构建网络关系增强技术创新动态能力，提升企业在瞬息万变、需求日益多样化的市场中的应变能力，改善技术创新绩效，推动市场主导产品由低技术、低附加值转向高技术、高附加值，制造业主导产业由要素密集型转向知识密集型，促进我国传统制造业迈向国际价值链中高端，为实现变革和转型升级提供路径借鉴。

3. 宏观经济层面，利于推动我国经济高质量发展

创新是引领发展的第一动力，经济高质量发展的根本动力要从要素和投资驱动的经济增长旧动能转化为创新驱动的经济增长新动能。创新驱动旨在通过科技进步不断提升既包含土地、设备、资金等传统要素又包含知识、人力资本、品牌等新要素的所有生产要素的质量和效率，即全要素生产率。科技创新及其随后在地理空间和相关产业的技术扩散为整个经济的高质量发展提供了技术支撑。动态能力利于企业摆脱路径依赖，重视市场新变化，从而利于实现经济发展由要素和投资驱动向创新驱动的动力转换。当前，全球科技革命和产业变革风起云涌，世界主要国家都在寻找科技创新的突破口。本书通过探讨网络关系改善技术创新动态能力，进而提升技术创新绩效，有助于中国产业升级，迈向中高端，实现高质量发展。

第二节　研究内容与结构安排

一、研究内容

基于对国内外相关文献的系统梳理，构建网络关系、技术创新动态能力与技术创新绩效关系的概念模型，通过问卷数据，探究它们之间的关系及作用机理，以及组织创新氛围和环境动态性的调节作用。研究内容主要有三个模块。

（一）网络关系、组织创新氛围和环境动态性量表的开发

借鉴国内外相关研究和成熟量表，依循量表开发的一般程序，开发本书的问卷量表，并通过专家意见和预调研对量表信度、效度进行检验，形成正式问卷。

（二）网络关系影响企业技术创新绩效的内在机理的理论和实证分析

首先，以技术创新动态能力为中介，以组织创新氛围和环境动态性为调节变量，构建网络关系影响技术创新绩效的理论模型，基于模型理论分析提出研究假设。其次，通过实地访谈和问卷调查收集数据。最后，运用 SPSS24.0 和 AMOS22.0 等统计软件，通过描述统计、因子分析、回归分析及 SEM 结构方程模型等方法进行数据分析，对理论假设进行检验。

（三）提升企业技术创新绩效的对策研究

基于理论研究和实证分析得出本书的研究结论，从网络关

系构建、技术创新动态能力建设、组织创新氛围营造等方面提出改善技术创新绩效的对策建议。

二、结构安排

本书共由七个章节构成，安排如下。

第一章为导论。阐述选题背景、问题提出和拟解决的问题、选题意义、研究内容、结构安排、基本思路和技术路线、研究方法等。

第二章为文献综述。梳理网络关系、技术创新动态能力和技术创新绩效相关文献，总结已有研究的理论贡献，寻找研究空白和待完善之处，明确研究方向。

第三章为概念模型与理论假设。基于相关理论，建构网络关系，通过技术创新动态能力影响技术创新绩效的概念模型，对模型主要变量进行概念界定和维度划分，分析变量间的关系和作用机理，提出相应假设。

第四章为量表开发。依循量表开发的一般程序，对网络关系、组织创新氛围、环境动态性构念进行量表开发。通过企业访谈、专家意见、初试量表的编制与调研、量表检验等步骤确定正式量表。

第五章为实证研究设计。阐述变量的测量方式，说明问卷设计、样本选择、数据收集、数据分析方法。

第六章为数据分析与假设检验。基于对样本数据的描述性统计分析、因子分析、信度效度检验，运用结构方程模型与层次回归分析检验理论假设。具体地，检验网络关系如何影响技术创新绩效，技术创新动态能力如何影响技术创新绩效，技术创新动态能力在网络关系与技术创新绩效之间的中介效应如何，组织创新氛围如何调节网络关系与技术创新动态能力的关系，环境动态性如何调节技术创新动态能力与技术创新绩效的关系。

第七章为研究结论与研究启示。首先基于实证结论与讨论得出研究结论，总结本书创新点；其次依据研究发现为企业提出针对性的管理建议；最后指出本书研究局限，展望未来研究。

第三节　技术路线与研究方法

一、研究思路和技术路线

本书依循"提出问题—分析问题—解决问题"的研究思路。首先，围绕研究主题梳理相关文献，展示本书的价值，为后续研究奠定理论基础。其次，依据资源基础观（基于网络关系是企业技术创新活动的战略资源），围绕"网络关系究竟如何有效提升技术创新绩效"的核心命题，建构"网络关系—技术创新动态能力—技术创新绩效"的概念模型，分析网络关系通过技术创新动态能力改善技术创新绩效的作用机理。根据网络关系、技术创新动态能力产生影响的权变因素，确定组织创新氛围和环境动态性等调节变量。具体地，基于对网络关系、技术创新动态能力、组织创新氛围、环境动态性等变量的概念和维度构成的清晰界定，建构网络关系、技术创新动态能力与技术创新绩效的关系及作用机理的概念模型。根据概念模型，基于理论分析，对各变量维度间的关系提出理论假设。运用归纳和演绎相结合的方法开发相关构念量表，确定问卷后进行调查研究；通过统计分析、SEM 结构方程模型等实证方法验证理论假设，由检验结果得出相应研究结论。最后，根据理论分析与实证结论，探讨网络关系和技术创新动态能力建设的对策建议。技术路线如图 1 – 1 所示。

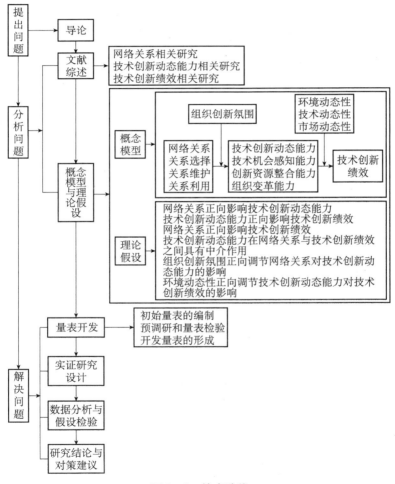

图 1 – 1　技术路线

二、研究方法

本书坚持以问题为导向、以理论为依据、以实践为基础、以方法为手段、以创新为标志的指导思想，探索企业网络关系提升技术创新绩效的机理。本书内容涉及管理学、社会学、计量经济学及统计学等多学科知识，研究方法如下。

（一）理论研究

通过广泛系统地梳理相关文献，归纳网络关系与技术创新绩效关系的研究现状，发现研究空白，明确研究主题，厘清网络关系通过技术创新动态能力影响技术创新绩效的理论基础和研究脉络。

（二）规范分析

基于对国内外相关文献较为全面的梳理，通过规范分析本书所涉变量的内涵、维度构成及其关系，厘清网络关系、技术创新动态能力、技术创新绩效之间的作用机理，建构概念模型，提出研究假设。

（三）调查研究

通过实地访谈和间接发放问卷等多种渠道对样本企业进行深度调研，调查研究采取文本调研、问卷调查、个别访谈、专家咨询相结合的方法。基于前人研究和实地访谈对各变量进行数据收集和测量。经过初始量表编制、预调研、量表检验、确立量表题项等程序开发无成熟量表的构念量表。

（四）实证分析

定量研究主要采用实证分析方法，基于充分的理论探讨，通过问卷调查收集和整理一手数据，利用描述性统计分析、信度效度检验、探索性和验证性因子分析、结构方程模型、层次回归分析等方法分析样本数据，检验概念模型和研究假设（证实或证伪），据此得出相应的研究结论。

第二章　文献综述

第一节　网络关系的相关研究

一、关于网络关系内涵的界定

（一）网络关系是一种战略资源：资源基础观

网络关系寻求创造价值的资源的来源应超越组织边界的观点为 RBV 提供了新视角，回答了文献中关于产生价值的资源的起源这个重要命题。

组织间纵横交错的联系是一种不可模仿的资源，称为网络资源（network resources），社会关系网络资源的积累、获得和运用是厂商创建持久竞争优势的保障（Gulati，1999）。企业的网络关系具有战略性资源的特征，网络关系使企业从环境中获得信息、渠道、资本、服务等关键资源及其他可以保持或提升竞争优势的资源①。组织间资源的异质性以及产生过程中的路径依

① Gulati R，Nohria N，Zaheer A. Strategic networks ［J］. Strategic Management Journal，2000，21（3）：203 – 215.

赖非常难以模仿与替代，嵌入关系网络的组织间资源可为企业带来可持续竞争优势。网络可以成为企业资源的原因有三：（1）网络结构是一种资源。企业的关系模式是独特的，关系的私密性和隐蔽性使网络不可模仿，网络所提供的信息也不可模仿。（2）网络成员是一种资源。资源丰富、具备适当能力的合作伙伴有潜力为焦点企业提供独特的宝贵资源和能力来源。（3）关系模式是一种资源。企业在网络中建立和维持的关系模式对企业的战略行为和绩效有明显影响，焦点公司的历史和声誉使某些关系不仅有价值且很难被竞争对手模仿。巴尼（Barney，1991）将资源基础观延伸到战略联盟，认为组织间关系可成为带来竞争优势的独特资源，组织间资源的结合具有更强的资源模仿障碍、因果关系模糊性、不完全转移性以及更高的资源复制障碍，从而为整个关系网络带来竞争优势。企业间关系是获取商品和服务的渠道，可以说企业间关系本身就是资源（Freeman & Barley，1990）。集团内企业间的正式和非正式关系（如集团内的供应商—购买商关系、股权关系、董事关系）是一种外部资源①。企业间关系网络是一种战略资源（Madhavan，Balaji & John，1999）。

国内学术界，宝贡敏和王庆喜（2004）认为，组织间的信任、承诺、专用型投资等是联盟企业专有的独特关系资源。罗珉和何长见（2006）将组织间（inter-organization）形态的

---

① Mahmood I P, Zhu H, Zajac E J. Where can capabilities come from? Network ties and capability acquisition in business groups [J]. Strategic Management Journal, 2011, 32（8）: 820 – 848.

系统统称为组织间合作网络,认为组织间资源是一种基于组织间合作关系的战略性资源[①]。熊胜绪、方晓波和李宏贵(2014)认为,企业的互补资产按照占有主体分为内部和外部互补资产,企业与其他组织的网络关系即关系资产是外部互补资产。

(二)网络(关系)是一种组织模式:交易成本观

交易成本经济学将组织间关系的形成动因归结为交易成本,企业通过组织间活动降低生产和交易成本,减少市场失灵产生的不确定性和机会主义行为。

威廉姆森率先提出组织间的关系契约是两个组织之间建立的介于市场交易与组织层级之间的组织模式,把商业交易频率分为偶尔的(occasional)和经常的(recurrent),把企业投资分为非特定的(nonspecific)、特殊的(idiosyncratic)和混合的(mixed),将治理结构与商业交易相匹配,当交易是频繁的且投资是混合的,应采取关系契约的治理模式,非特定投资的交易需要市场治理模式,而特殊投资的交易需要组织内部治理[②]。网络关系作为市场和等级关系的替代品,作为组织交易的可行战略,引起了人们的关注。代表性观点有:网络关系泛指介于市场与层级之间的组织间关系(Ouchi,1980)。战略网络关系指企业为了在信息、资源、市场、技术等方面获取相对于竞争对手的竞争优势而有计划地、积极地通过学习曲线、规模经济、

---

① 罗珉,何长见. 组织间关系:界面规则与治理机制 [J]. 中国工业经济,2006 (5):87 – 95.

② Williamson E O. Transaction – cost economics:The governance of contractual relation [J]. Journal of Law and Economics, 1979, 22 (10):233 – 261.

范围经济等途径与其他组织建立的长期适应性协调关系（相对于市场关系、层级关系和宗族关系）（Jarillo，1980）。网络关系是组织为了建立或利用自身的差异化优势，从战略规划视角，基于对信任、专业知识、长期契约等软硬件的持续投资等而在两个以上的组织间建立的相互依赖、相互捆绑的介于市场和科层组织之间的长期关系（Thorelli，1986）。网络关系是组织间基于共同利益和信誉而无正式约束地介于市场与科层组织之间的相互依存的关系（Powell，1987；1990）。嵌入式的网络关系是组织交易的可行战略环境，是传统市场和等级关系的替代品，对获取必要的外部资源和建立互惠的沟通渠道提供了重要的战略途径，不是通过传统的市场治理，更多地通过信任（善意信任、能力信任和社会信任）和关系契约来治理，有助于战略组织的形成，可促进或阻碍新兴公司的兴起、生存和增长①。

（三）网络关系是组织从外部获取资源的战略途径：资源依赖观

资源依赖观认为，组织为了获取资源必须与环境交易，从而发挥自己能力或控制其他拥有稀缺资源的组织。相关学者认为，资源依赖是解释组织构建网络关系的动因，研究重点在于企业必须从外部获取哪些资源。代表性观点如下。

网络关系是企业为了从外部获取重要的异质资源等目的与

---

① Hite J M. Patterns of multidimensionality among embedded network ties: A typology of relational embeddedness in emerging entrepreneurial firms [J]. Strategic Organization, 2003, 1 (1): 9-49.

其他组织形成的相互依赖、相互信任、长期稳定的关系①。关系的建立和发展需要时间和精力，相互依存的公司在交换商品和服务的数量、质量、时间等问题方面需要联合规划或通过一方对另一方行使权力进行明确协调。网络中的每家公司都与客户、分销商、供应商等建立直接关系，并通过这些公司与供应商的供应商、客户的客户、竞争对手等建立间接关系。战略网络关系是组织为了获得更多信息、资源或技术等目的明确的长期合作关系，借以维持或培育竞争优势（Jarillo，1988）。网络关系指网络组织（相对于职能组织、分部组织、矩阵组织等组织形式）内部企业之间由市场机制来协调、共享价值网不同位置的网络成员的信息等集体资产、相互自愿合作而不是简单履行合同义务甚至相互持股、相互依赖的组织关系（Miles & Snow，1992）。网络关系是行为主体之间的联系和要素交换的中介（Song et al.，2008）。

国内学术界，于红剑（2007）认为，网络关系是关系主体为更好地实现信息共享和获取互补资源等目的在契约、沟通、信任等基础上与其他主体持续的、互惠的联结关系②。辛枫冬（2012）认为，网络关系是企业为更好地实现信息共享、获取互补资源与其他主体的相互联系。于淼（2018）认为，网络关系是各行为主体之间为了分享互补性资源、共享信息和知识、促

---

① Johanson J，Mattson L G. Interorganizational relationship in industrial systems：A network approach compared with the transaction-cost approach ［J］. International Studies of Management and Organization，1987，17（1）：34 –48.

② 于红剑. 新创企业外部网络关系品质、内部能力与成长绩效研究 ［D］. 杭州：浙江大学，2007：83.

进产品销售及获得供应商信息等目的而建立在多次交易基础之上的一种互惠、稳定的正式或非正式连接。

（四）其他观点

有学者认为，网络关系既是企业的战略资源，又是获取资源的途径。组织间错综复杂的联系是难以模仿的资源，是获取难以模仿和替代的资源、知识和能力的手段和途径（Gulati，1999；2000）；网络关系既是重要的网络资源，又是资源流动的通道（孙芳，2016）；网络关系是一种组织能力，确定了网络关系能力的三个维度：关系启动、关系发展和关系终止能力（党兴华和肖瑶，2015）。

二、关于网络关系的分类

（一）基于网络关系联结的分类

1. 强关系与弱关系

格兰诺维特（Granovetter，1973）按照关系强度的四个维度即节点间交流时间、情感紧密度、彼此认同度和资源互惠度，将网络关系分为强关系和弱关系[①]。任等（Ren et al.，2016）把中国新兴企业家的网络关系分为强关系和弱关系，其中与家庭成员、亲戚和亲密朋友是强关系，与商业伙伴、前雇主、前同事是弱关系。马里奥蒂等（Mariotti et al.，2012）基于格兰诺维特的强弱关系类型增加了潜在关系和休眠关系，认为四种关

---

① Granovetter M S. The strength of weak ties ［J］. American Journal of Sociology, 1973, 78：1360 - 1380.

系强度呈动态变化。蔡宁和潘松挺（2008）认为，网络关系强度包括合作时间和合作形式两个维度。邦纳等（Bonner et al.，2015）根据关系嵌入程度把强关系分为适度和过度嵌入，将嵌入过度分为过度信任、非理性承诺和关系过度紧密三个维度。刘蕴（2018）认为，关系嵌入过度不同于强关系，属于强关系的二级维度。

2. 正式关系与非正式关系

约翰逊和马特森（Johanson & Mattson，1987）把企业的网络关系分为正式关系和非正式关系，探讨公司高管是否会与其他公司的高管保持非正式的联系，以管理因资源依赖而产生的不确定性。其中，董事会连锁是正式关系，不同公司高管之间的非正式联系是非正式关系，认为组织环境关系的研究主要集中于组织之间的正式联系，例如把董事会连锁关系作为管理资源依赖的战略。

3. 直接关系与间接关系

伯特认为，两个关系人之间有结构洞是间接关系，非重复关系，否则是直接关系，重复关系。如果两个关系人之间是强关系的话，他们就是重复的关系人，强关系意味着缺乏结构洞，多样化的网络比同质性的网络能带来更大的利益①。斯科特和丹尼尔（Scott & Daniel，2002）将企业家和投资者之间的关系分为直接关系和间接关系，将直接关系定义为决策者和作出决策的一方之间的个人关系，将间接关系定义为两个人之间没有直接联系

---

① Burt R S. Structural holes: The social structure of competition [M]. Cambridge, MA: Harvard University Press, 1992: 58.

但可以通过双方的社会网络建立联系，并利用组织理论文献和 50
家高科技企业的深入田野调查，研究了企业家和 202 名种子期投
资者之间的直接和间接联系对风险融资决策的影响，发现这些联
系通过信息传递过程影响企业的融资选择。高塔姆（Gautam，
2000）将企业的协作网络关系分为企业维持的直接关系和间接关
系（网络中企业通过其伙伴或伙伴的伙伴可以达到的企业）。

4. 市场关系与嵌入关系

乌兹把网络关系分为臂长关系（arm's-length ties）和嵌入关
系（embedded ties），臂长关系也称为市场关系（market relation-
ship）或商业关系（business relationship），嵌入关系也称为亲密
关系或特殊关系（close or special relationship）。市场关系即交换
伙伴间缺乏互惠和互动，具非重复性，聚焦于狭隘的经济问题，
缺乏社会内容；嵌入关系强调个人属性及对经济过程的影响[1][2]。
乌兹（Uzzi，1997）用信任、信息共享和共同解决问题三个维度
来规范交换伙伴的期望和行为。

5. 嵌入关系与非嵌入关系

海蒂（Hite，2003）根据至少满足两个标准中的一个将社会
关系确定为嵌入关系和非嵌入关系。嵌入关系的第一个标准是
社会关系对企业经济行为有影响（Granovetter，1993；Uzzi，
1996），表现为社会关系在交换条件澄清之前会产生有影响后果

---

[1]　Uzzi B. The sources and consequences of embeddedness for the economic perform-
ance of organizations: The network effect [J]. American Sociological Review, 1996, 61:
674 – 698.

[2]　Uzzi B. Social structure and competition in interfirm networks: The paradox of em-
beddedness [J]. Administrative Science Quarterly, 1997, 42 (1): 35 – 67.

的期望、沟通、决策和服务提供，尤其是关于购买、招聘、发展、财务和其他资源决策；第二个标准是相对于传统的市场契约，嵌入关系采取关系契约，没有书面合同，依赖于口头协议、握手协议或猜想协议。如果社会关系不满足两种标准的任何一种，则该关系为非嵌入关系。

（二）基于网络关系对象的分类

1. 市场关系与技术关系

张和李（Zhang & Li，2010）、向永胜和魏江（2013）、李文丽和杨吉生（2018）把企业的网络关系分为市场关系和技术关系。市场关系又分为与供货商、制造商、经销商等机构的关系，以及与会计和金融服务、人才搜寻服务、法律服务等商业服务中介的关系；技术关系又分为与老牌知名企业、大学、研究机构的关系，以及与技术服务中介的关系。

2. 商业关系与社会关系

学者把跨国公司在国外子公司的网络关系分为商业关系和社会关系，探讨外国子公司设立模式（绿地与收购）对其在当地市场的网络关系（社会与商业）的影响（Alfredo，Matteo & Ulrike，2018）。

3. 垂直关系与水平关系

学者将企业间的关系分为垂直关系与水平关系（Macedo，Martins & Rossoni，et al.，2017；边燕杰和丘海雄，2000；李正彪，2010）。

4. 同质关系与异质关系

学者根据关系广度即焦点企业连接的对象种类和数量，将伙伴关系分为同质性关系和异质性关系（Lin，2005；Burt，1992；Andriopoulos & Lewis 2010；陈立勇、刘梅和高静，2016）。同质性关系也称重复关系或单一性关系，异质性关系也称多样性关系或非重复关系，多样关系比单一关系更利于高质量信息流动①。

5. 相关董事会关系与异质董事会关系

学者将董事会关系分为相关董事会关系和异质董事会关系，探讨了外部网络关系如何决定董事会对战略决策的贡献。相关董事会关系指董事被任命到其他公司的董事会，这些公司遵循类似战略，在类似的市场环境下运作，否则就是异质董事会关系（Mason & James，2001）。

（三）基于网络关系动机的分类

1. 工具性关系与表达性关系

林南（2005）认为，工具性关系是与任务完成相关的建议和信息渠道，表达性关系是充满情感的关系，可以是积极的或消极的。马蒂斯等考察了工具性关系和表达性关系②。工具性关系为利用伙伴的经验和知识而提高个人和组织表现提供了手段，往往是基于认知的、非互惠的、短暂的。积极的表达性关系建立在喜爱之上，是情感支持的管道，往往是基于情感的、互惠

---

① Andriopoulos C, Lewis M W. Managing innovation paradoxes: Ambidexterity lessons from leading product design companies [J]. Long Range Planning, 2010, 43 (1): 104 – 122.

② Mathis S N, Andrew C, Katherine J K. The coevolution of network ties and perceptions of team psychological safety [J]. Organization Science, 2012, 23 (2): 564 – 581.

的，比工具性关系更持久。消极的表达性关系反映了不舒服或不赞成的感觉，不仅是积极表达性关系的反面，甚至可能与其共存。消极关系不如积极关系常见，尽管可能比积极关系对个人和组织的影响更大。

2. 工具性关系、混合性关系与情感性关系

黄（Hwang，1987）把人际关系分为工具性关系、混合性关系和情感性关系。混合性关系介于工具性关系和情感性关系之间，是个人最可能以人情和面子来影响他人的人际关系范畴，不像情感关系那样持久，其必须借助人际礼尚往来加以维系。

3. 基于身份的关系与基于计算的关系

学者把企业的网络关系分为基于身份的关系和基于计算的关系，两者在满足资源实用性、可达性和不确定性方面具有不同优势①。基于身份的网络是以自我为中心的网络，与网络中其他行动者间的社会认同会刺激经济行为，往往比计算网络规模更小、更单一、更有路径依赖，不太可能拥有组织日益发展所需的资源广度，具有早期增长的特征。基于计算的网络具有提供更大资源可用性和减少环境不确定性的优势，关系目的比关系同一性更重要，主要由经济利益驱动，包含更多更像市场关系而不是嵌入关系的弱连接，更能桥接结构洞，包括规模更大、更多样、有目的的功能性关系，具有较少的路径依赖。

4. 社会关系与计算关系

学者区分了社会关系和计算关系。社会关系依循社会学逻

---

① Julie M H, William S H. The evolution of firm networks: From emergence to early growth of the firm [J]. Strategic Management Journal, 2001, 22 (3): 275 – 286.

辑，基于信任、义务和满足成员的社会期望，以人际关系为中心，更稳定，社会价值大于经济价值；计算关系依循经济逻辑，以满足成员的经济期望为目的，以组织关系为中心，更不稳定，经济价值大于社会价值（Huggins，2010）。

学者关于网络关系维度（分类）的观点整理如表 2 - 1 所示。

表 2 - 1　　　　　　　　网络关系的维度划分

代表文献	网络关系的维度
Granovetter（1973）；Ren（2016）	强关系、弱关系
Mariotti et al.（2012）	强关系、弱关系、潜在关系、休眠关系
Johanson & Mattson（1987）	正式关系、非正式关系
Burt（1992）；Scott & Daniel（2002）；Gautam（2000）	直接关系、间接关系
Uzzi（1996，1997）	市场关系（或臂长关系、商业关系）、嵌入关系（或亲密关系、特殊关系）
Hite（2003）	嵌入关系、非嵌入关系
Zhang & Li（2010）；李文丽和杨吉生（2018）；向永胜和魏江（2013）	市场关系、技术关系
Luo & Chen（1997）；Peng（1997）；Peng & Luo（2000）；Alfredo，Matteo & Ulrike（2018）	商业关系、社会关系
Macedo et al.（2017）；边燕杰和丘海雄（2000）；李正彪（2010）	垂直关系、水平关系
Lin（2005）；Burt（1992）；Andriopoulos & Lewis（2010）；陈立勇，刘梅和高静（2016）	同质关系（或重复关系、单一关系）、异质关系（或多样关系、非重复关系）
Mason & James（2001）	相关董事会关系、异质董事会关系
Lin（2005）；Mathis et al.（2012）	工具性关系、表达性关系

代表文献	网络关系的维度
Hwang（1987）	工具性关系、混合性关系、情感性关系
Julie & William（2001）	基于身份的关系、基于计算的关系
Huggins（2010）	社会关系、计算关系

资料来源：笔者根据文献整理所得。

三、关于网络关系的作用

（一）网络关系对组织资源获取的影响

网络关系尤其战略联盟对知识和其他资源流动至关重要。从普费弗（Pfeffer，1972）开始直到今天，这一观点一直是组织理论和战略管理的坚实基础。网络关系不仅有助于管理竞争的不确定性和资源的相互依赖（Pfeffer & Salancik，1978）[1]，还是信息流动和利益控制的管道（Burt，1992）。

1. 把网络关系视为单维构念，认为网络关系利于资源获取

学者们普遍认为，网络嵌入对知识获取有较大帮助（Gulati，1998；Anderson & Narus，2007），给企业带来更多交流合作机会（Uzzi，1997；Rowley et al.，2000）。网络关系为嵌入其中的企业提供了价值，使其能够利用在关系中建立的资源（Bourdieu，1986）。网络关系能提供包括资本、知识技术、市场、信任等多种外部资源（Chetty & Blankenburg，2000；Musteen et al.，2010；杨锐和夏彬，2016），是组织成长的重要方式和行动策略。

---

[1] Pfeffer J, Salancik G R. The external control of organizations: A resource dependence perspective [M]. New York: Harper & Row, 1978.

在地理集群中，与区域机构保持丰富联系的公司处于获取新信息、新思想和新机会的有利位置（McEvily & Zaheer，1999）。

2. 对网络关系进行维度划分，认为每个维度均对资源获取有价值

学者发现，弱联结有助于搜索有用的知识，当需要传递的知识不复杂时会加快创新进度，而强联结则有利于复杂知识的传递（Morten，1999）。强关系为创新提供了信任等情感资源，弱关系为创新提供了异质的知识资源（吴晓云和王建平，2017）。

3. 对网络关系进行维度划分，认为某种维度比其他维度对资源获取更有价值

有学者认为，弱联结更有助于获取信息和知识（Granovetter，1985；许冠南，2008）。也有学者认为，强联结下信息交换更频繁，获取的知识与资源更多（McEvily & Marcus，2005）。格兰诺维特（Granovetter，1973）提出，当互动是频繁的、强烈的、互惠的、私人化的时候，沟通纽带是强大的，牢固的联系对专业知识交流非常重要。研究表明，强联系对商业活动起着重要作用，除了能广泛提供知识信息，还能维护和提升商业和个人声誉，强关系在更广的社会环境中运行，提供了调用"弱"关系的机制①。学者探讨了关系强度对新产品联盟信息获取和利用的影响，提出横向联盟比纵向联盟具有更低的关系嵌入度和更高的知识冗余度。参加新产品联盟的 106 家美国公司的样本测试发现，虽然关系嵌入性提高了信息的获取和利用，但关系

---

① Jack S L. The role, use and activation of strong and weak network ties: A qualitative analysis [J]. Journal of Management Studies, 2005, 42 (6): 1233 – 1250.

冗余性降低了信息获取，提高了信息利用（Rindfleisch & Moorman，2001）。还有学者认为，企业网络从基于身份的关系发展到基于计算的关系。基于身份的网络中关系身份比关系能提供的资源更重要，不太可能拥有企业成长所需的资源广度（Julie & William，2001）。基于计算的网络能提供更大资源可用性，减少环境不确定性，冗余更少，更能桥接结构洞，具有更少的路径依赖（Burt，1992）。

4. 认为网络关系对组织资源获取产生权变影响

乌兹（Uzzi，1997）认为，嵌入关系转变为不利因素有三个条件：网络中核心主体不可预见地退出、组织力量使市场关系合理化和网络关系嵌入过深。里根和麦克艾维利（Reagans & McEvily，2003）利用合同研发公司数据分析了网络对知识转移的影响，发现双方共同知识、关系强度、网络范围、关系凝聚力皆与知识转移容易度正相关，关系强度与知识转移的正相关关系随知识缄默性而增加，随知识可编码性而减少，关系凝聚力和网络范围远比个体间的关系强度使知识转移更容易。刘蕴（2018）也发现，以过度信任、非理性承诺和关系过度紧密测度的关系嵌入过度负向影响资源合作、资源转移和资源交换。

（二）网络关系对组织动态能力的影响

1. 认为网络关系对组织动态能力产生正向影响

组织外部能力体现在组织间合作交流和外部资源利用上，网络关系能推动资源的获取、整合和释放，促进动态能力构建（Teece et al.，1997）。乌兹（Uzzi，1996）认为，组织与网络伙伴的嵌入关系比市场关系增加了生存的可能性，嵌入关系提供的对网络资源的频繁访问、高水平的信息交换、信任和共同解决问题使企业可以迅速地利用网络提供的机会。洛伦佐尼和利帕里尼（Lorenzoni & Lipparini，1999）实证研究发现，与其他公司互动的网络关系能力加速了领先公司的知识获取和转移，整合企业内外部知识的能力是一种独特的组织能力。戴尔和延冈（Dyer & Nobeoka，2000）发现，供应商在参与丰田的知识共享网络后学得更快，丰田高度互联、强大的关系网络建立了各种制度化惯例，促进了供应商之间多方位知识流动，认为创造竞争优势的动态学习能力需要扩展到企业边界之外，网络作为一种组织形式在创造和重组知识方面优于企业。卡利奥和迪蒂略（Caglio & Ditillo，2009）认为，组织间关系促进价值创造，企业间的协作有助于企业应对不确定的环境、减少合作伙伴对控制之外的资源的依赖，在动态市场中重新定位自己。学者基于文献分析认为，社会资本的结构维、关系维和认知维均与动态能力的两个维度探索能力和利用能力正相关，基于组织间关系的网络能力旨在获得关键资源，同时创造了新价值（例如为产品提供了新想法），而这有助于探索能力的开发，发现企业与国内伙伴的良好关系与利用能力正相关，与国外居于网络中心的合作伙伴的良好关系与探索能力正相关，通过确保更大程度的整合和深入的资源交换和重构，基于信任的关系有助于探索和利用能力[①]。学者发现，同一供应链中的买方和供应商有机会利用其合作伙伴的互补资源，特别是从以前的研发运营中积累知

---

① Pinho J，Carlos M R. Social capital and dynamic capabilities in international performance of SMEs［J］．Strategic Management Journal，2011，4（4）：404－421．

识，联合解决问题加速了隐性知识的转移（Mahmood，Zhu & Zajac，2012）。学者还发现，产业网络关系能力促进学习过程、知识传播和创新活动，利于在知识的创造、整合、转移和吸收方面发展动态能力（Cabanelas，Omil & Vazquez，2013）。还有学者基于对葡萄牙中小型出口企业的抽样调查，发现网络关系与国际化利用能力（阈值能力和整合能力）以及国际化探索能力（价值增加能力和破坏能力）正相关（Pinho & Prange，2016）。

国内学术界，于红剑（2007）发现，新创企业网络关系对内部能力有显著影响。杨鹏鹏等（2008）、王增涛和蒋敏（2013）指出，企业横向和纵向网络关系越发达，获取的资源越多，通过资源整合和配置等机制可以提升环境洞察等能力，进而增强动态能力。章威（2009）的研究表明，网络关系嵌入对知识的获取与转化有正向影响，即提升了基于知识的动态能力。辛晴（2011）实证检验发现，网络关系正向影响动态能力的搜寻识别、筛选评估和转化整合三个维度。李文（2013）实证检验了关系强度、网络密度、网络规模、网络中心性对营销动态能力（三大核心商业流程，即顾客关系流程、供应链流程以及产品研发流程）的正向影响。芮正云和庄晋财（2014）发现，农民工创业者的网络能力对动态能力（资源吸收能力、学习能力、创新能力三个维度）具有正向影响。田雪等（2015）发现，网络嵌入通过动态能力、创新能力（从外部学习、吸收并内化知识而形成自身优势、利用市场时机而获利的能力）和预测能力的中介作用，对物流企业的服务创新绩效产生正向影响。李金凯和刘钒（2015）实证研究发现，网络嵌入性与小微企业动态能力（从产品更新速度、业务流程创新、新客户开发、商业模式革新四个方面测度）存在正相关关系。陈夙（2016）发现，企业家精神正向调节企业家社会资本和企业动态能力（技术动态能力和市场动态能力）之间的正相关关系。王增涛等（2016）发现，企业网络关系提升了搜索吸收、整合转化和创新变革等动态能力。杨宜苗和康琳敏（2017）发现，关系网络正向影响零售分店的市场感知、界面协同和顾客响应等动态营销能力。杜健和周超（2018）发现，外资企业网络关系嵌入性对企业跨国动态能力的三个维度（机会感知、资源获取及资源重构）均有显著正向影响。

2. 认为网络关系对组织动态能力产生权变影响

学者以 5 家跨国公司的 10 个业务单元为研究对象，对 50 个网络资源集进行多案例研究，结果显示，网络资源属性对三个网络动态能力（机会的感知、捕获和转换）的影响是：网络资源的稀缺性影响机会感知的效果，网络资源的互补性影响机会捕获的效果，网络资源的可访问性和实用性影响机会捕获的效率，网络资源的可扩展性和适配性影响机会转换的效果，网络资源的实用性和通用性影响机会转换的效率（Leila & Kamran，2018）。尤成德等（2016）证实，网络关系对企业应对产业和商务环境动荡的动态能力产生权变影响，其中，商业关系的影响是正向的。

3. 认为网络关系是组织动态能力的基础或要素

社会资本是管理资源的能力，应视为动态能力的要素，能帮助企业获取、整合、重置和释放资源（Blyler，2003）。学者认为，全球市场正在影响大多数组织，战略联盟和网络关系是发展全球动态能力，减少经营风险的关键战略资源，全球动态能力注重利用而非拥有关键资源，适应、整合、重构内外部资产以把握全球和当地市场机会，在全球范围内有效协调组织间关系，创造难以模仿的组织资源、职能资源和技术资源的组合，灵活快速响应全球竞争对手，从而获得竞争优势（Kiessling & Harvey，2004）。缺乏网络关系能力无法取得有效资源的组织则无法完成内外部资源的必要转换及有效对抗对手和满足市场（Ho & Tsai，2006）。更有学者认为，网络关系（能力）是动态能力的维度之一（罗珉和刘永俊，2009）。

4. 认为网络关系和动态能力对企业绩效产生交互作用

有学者发现，动态能力调节网络关系与企业绩效的关系。周丽虹（2011）发现，动态能力（适应能力、吸收能力和创新能力维度）在企业非核心业务外包强度与长期绩效之间具有调节作用。有学者把企业的网络关系分为内部黏合关系和外部桥接关系。黏合关系强调组织内部员工间紧密的社会网络有助于协调和分享共同想法，桥梁关系强调组织间关系利于获得提升公司业绩的各种资源和独特信息。实证研究发现，动态能力中的意会能力和重构能力调节黏合关系和桥接关系与企业绩效之间的正向关系[1]。还有学者将网络关系与动态能力进行组合，形成一个包含两者内容的新构念（戚桂清，2008）。

（三）网络关系对组织技术创新的影响

1. 无论作为单维还是多维构念，网络关系均利于技术创新。

鲍威尔等（Powell et al.，1996）认为，网络是获取外部互

---

① Chang Y S. Bonding ties, bridging ties, and firm performance: The moderating role of dynamic capabilities in networks [J]. Journal of Business-to-Business Marketing, 2019, 26 (2): 159 – 176.

补技术知识的重要通道，以规模效益和丰富的知识基础影响技术创新。乌兹（Uzzi，1996，1997）认为，网络嵌入性越强，信息交换越频繁和深入，学到的新知识越多，越利于技术创新。戴尔等（Dyer et al.，2000）通过对丰田知识网络的研究，指出网络中制度化的协作规则促进成员间知识共享，进而影响知识创新。学者强调，安全而稳定的网络关系能促进互补资源的流动，加强跨组织学习，实现创新过程中知识和信息的传递、反馈和交互，进而提高技术创新的效率和效果（Nohria & Zaheer，2000）。茱莉亚（Julia，2009）认为，高效而频繁的互动能加深以知识为基础的信任，有效促进知识转移。学者基于对中国技术集群中新创企业样本的数据分析，发现企业和各种服务中介的关系与产品创新有显著正向关系，服务中介指技术商业化公司和技术经纪等技术服务公司、会计和金融服务公司、律师事务所和人才服务公司，认为服务中介位于组织和行业的交汇点，在集群中维护广泛的网络关系，新创企业与服务中介的关系使其能融入这些网络，通过扩大外部创新搜索范围和降低搜索成本为产品创新作出贡献①。

国内学术界，魏江等（2010）、谢卫红等（2015）发现，强关系和弱关系对渐进式创新和突破式创新均有显著正向影响。马晓芸和何红光（2015）发现，关系嵌入的三个构面（联结程度、成员间信任、信息共享）对中小企业显性和隐性知识获取

---

① Zhang Y, Li H Y. Innovation search of new ventures in a technology cluster: The role of ties with service intermediaries [J]. Strategic Management Journal, 2010, 31 (1): 88 – 109.

具有显著正向作用。简兆权等（2010）、谢洪明等（2012）、马晓芸和何红光（2015）发现，关系嵌入对中小企业产品创新和工艺创新具有显著正向影响。李文丽和杨吉生（2018）通过对修正药业的案例研究发现，市场关系和技术关系通过企业内外知识类型的匹配程度促进知识累积程度和技术水平的提高。

2. 网络关系不同维度对技术创新的价值不同

学界普遍认同组织间关系利于技术创新，但对于究竟是强关系还是弱关系更利于技术创新没有达成一致。科尔曼（Coleman，1994，1988）等学者认为，强关系意味着网络成员之间沟通频繁、彼此熟识、关系亲密、相互信任，利于高效的信息传递和知识分享，利于组织间合作达成和共同解决问题，利于组织从网络中获取社会资本。网络关系越强，越易从网络中获取有价值的环境信息、知识技术、资金、营销渠道等创新资源，越易促进技术研发及其商业化，越易促进激进式和渐进式创新的顺利进行（Daskalakis et al.，2007）。相反，格兰诺维特（Granovetter，1983）和辛格（Singh，2000）等学者认为，强关系约束扩展网络边界，易导致知识等资源高度同质和冗余，造成嵌入过渡，不利于创造新知识，而弱关系存在大量异质创新资源和具桥接功能的结构洞，更利于拓展网络边界和产生新知识。

国内学术界，陈劲和李飞宇（2001）发现，产业链纵向联结越强，技术创新绩效越高，横向联结的影响相对较小。谢洪明等（2012）发现，关系强度对技术创新有显著影响。吴晓云和王建平（2017）发现，无论探索式创新还是利用式创新，强关系都发挥基础作用。王玉和张磊（2018）则发现，与高网络位置伙伴结成异位联盟有助于技术创新绩效（以专利申请数量测度）的提升。

3. 网络关系对技术创新产生权变影响

为了评估网络关系对技术创新的影响，学者将网络直接联系、间接联系、结构洞与创新产出联系起来。对国际化工企业的研究表明，直接联系和间接联系都对创新有积极影响，但间接联系的影响被直接联系的数量所调节，网络中不断增加的结构洞对技术创新有负面影响（Ahuja，2000）。关系嵌入与技术创新的关系受行业因素的调节，利用半导体和钢铁行业的联盟网络发现，强关系与钢铁企业的创新绩效正相关，与半导体企业的创新绩效负相关，而弱关系与半导体企业的创新绩效正相关（Rowley，Behrens & Krackhardt，2000）。学者还探讨了关系内容异质性（供应商—采购商关系、同行协作关系、股权关系）如何影响激进式创新绩效，结论非常复杂：供应商—采购商关系与激进式创新正相关；同行协作关系与激进式创新正相关，当伙伴相似性较低时，这种关系更显著；股权关系强化供应商—采购商关系与激进式创新间的正向关系；股权关系强化同行协作关系与激进式创新间的积极关系；网络挤出效应阻碍焦点企业发展异质的网络关系从而负向影响激进式创新（Hao & Feng，2016）。学者认为，先前研究确定了企业不同的战略模仿来源：集群效应和关联效应，利用美国大型制造企业数据检验了 CEO 外部董事关系对研发支出的影响，发现 CEO 在研发决策中模仿有紧密联系企业的研发强度（CEO 作为外部董事会成员参与其他公司的研发决策）。当 CEO 在关联公司担任董事时间越长且关联公司表现良好时，这种模仿关系更强；CEO 在做研发投资决策时会模仿规模相对较小的公司①。

国内学术界，蔡宁等（2008）发现，强弱关系与技术创新存在耦合性，技术创新模式受关系强度的动态影响。向永胜和魏江（2013）发现，集群内外技术和商业网络的关系强度对大、中、小型企业的探索式和利用式创新的影响具有显著差异，在作用方向和程度上有明显区别。在网络关系强度对企业技术创新模式的影响方面，邹东涛和陈志云（2018）发现，强关系对利用式创新影响重大，而弱关系支撑着探索式创新。

第二节　企业技术创新动态能力的相关研究

一、技术创新动态能力的内涵

当今，日益动荡的技术和市场环境使得企业要赢得持久竞争优势必须进行持续的技术创新。动态能力能显著改善企业绩效，但其对企业的影响在诸多方面有较大差异。因此，基于动态能力和技术创新理论，国外学者率先提出动态技术创新能力概念。达文波特等（Davenport et al.，2006）认为，动态创新能力是嵌入组织惯例的、开发和整合已有的或新的资源与能力，随时间推移更有价值、更难以模仿、更难以替代的组织创新管理能力。程和陈（Cheng & Chen，2013）以佐洛和温特（Zollo

---

① Won Y O，Vincent L B. Not all ties are equal：CEO outside directorships and strategic imitation in R&D investment ［J］. Journal of Management，2018，44（4）：1312 – 1337.

& Winter，2002）的动态能力观为基础，认为动态创新能力是组织对创新资源、知识和惯例进行转化的学习流程和运营能力，这种运营能力是可以用来开发、整合和重构现有的和新的资源和能力的难以转移和难以模仿的创新能力。

国内学界将动态技术创新能力换为技术创新动态能力，其含义是一致的。徐宁等（2014）基于动态能力理论将其界定为：组织为实现价值创造以响应外部环境，持续进行技术创新投入从而带来相应技术创新产出，并将技术创新成果有效转化的能力。徐宁等（2014）、程和陈（2013）都将动态能力视为一种高阶能力①，其中，程和陈（2013）更是将流程和惯例视为一种能力，对两种具有代表性的动态能力观进行了整合。上述观点的局限性在于：两者均将其视为静态能力或静态的流程能力，没有凸显动态性。但技术创新动态能力作为动态能力的重要组成部分，对其的理解应以动态能力为基础，体现动态性这个基本属性。巴尼（Barney，1991）指出，技术创新能力代表企业将多种资源整合起来从事生产活动并达成一定目标的能力。基于彭罗斯（Penrose，1959）企业能力的观点，技术创新动态能力是一组资源在技术创新方面具有的能量，其不仅是创新资源的简单集聚，更是组织内外部各种创新资源的有机整合和相互协调。由于技术创新活动的流程性、复杂性、不确定性，需借鉴动态能力理论的基本思想，从动态视角进行诠释。熊胜绪等

---

① Cheng C C, Chen J S. Breakthrough innovation：The roles of dynamic innovation capabilities and open innovation activities ［J］. Journal of Business & Industrial Marketing，2013，28（5）：444－454.

（2016）基于动态能力内蕴的变革理念，将其界定为：企业为了应对已发生或可能发生的环境变化，不断整合内外部创新资源，优化创新资源基础，重构和变革技术创新的流程和惯例，推动技术创新能力不断提升的能力。这一概念一经提出，就受到了国内外理论界的关注。

二、技术创新动态能力的维度构成

国内外学者从各自问题视角对动态能力进行了不同的维度划分。蒂斯（Teece）作为动态能力理论的代表人物，其观点具有一定代表性。蒂斯和皮萨诺（Teece & Pisano，1994）首次将动态能力划分为适应、整合、重构三种能力。蒂斯等（Teece et al.，1997）认为，动态能力由整合、构建和重构能力构成。在市场环境复杂动荡情境下，传统资源观不能有效阐释企业竞争优势是如何产生的。动态能力正是基于资源观针对动态环境下企业如何获得与维持竞争优势而提出的。因此，蒂斯从组织环境持续动荡出现的机会与威胁的感知、应对、变革、适应等方面阐释动态能力。受蒂斯的影响，国外学者对动态能力维度划分的研究成果很丰富。例如，艾森哈特和马丁（Eisenhardt & Martin，2000）指出，动态能力由整合、重构、获取和释放能力构成。格里菲思（Griffith，2001）认为，动态能力就是整合能力。扎赫拉和乔治（Zahra & George，2002）从组织知识视角，认为动态能力就是知识吸收能力。扎赫拉等（Zarha et al.，2006）从企业资源和惯例视角，认为动态能力由资源重构能力和惯例重构能力组成。蒂斯（Teece，2007）再次对动态能力进行阐释，认为动态能力分为机会感知能力、机会把握能力和资源重构能力。王和艾哈迈德（Wang & Ahmed，2007）指出，动态能力包括适应、吸收和创新能力。还有学者认为，动态能力包括协调、学习和战略竞争性反应三个维度（Protogerou et al.，2012），以及动态能力应包含吸收和转化两个能力维度（Wang，Senaratne & Rafiq，2015）。

受国外研究影响，我国学者基于已有成果深化了相关研究。动态能力的维度构成虽有不同观点，但由于受蒂斯的影响较大，基本都认为动态能力是应对环境变化的高阶能力，这一观点的统一有助于深入认识技术创新动态能力。技术创新动态能力是动态能力的一部分，其维度构成可从动态能力得出，例如，熊胜绪等（2016）将其划分为技术机会的感知与识别能力、内外部创新资源的整合能力和适应环境的组织变革能力。这一划分方法与其他学者有一定相似处，都强调变化识别、资源整合、组织变革的重要性，本书采用这一方法。对技术创新动态能力的维度构成也有学者提出了不同观点。例如，李兴旺（2004）基于动态能力的作用视角，将其划分为环境洞察能力、价值链配置与整合能力、资源配置和整合能力。焦豪等（2008）认为，动态能力包括环境洞察能力、变革更新能力、技术柔性能力和组织柔性能力。罗珉和刘永俊（2009）将动态能力分为市场导向的感知能力、组织学习的吸收能力、社会网络的关系能力、沟通协调的整合能力。黄俊（2010）提出，动态能力主要体现为整合能力、组织学习能力和重构能力。苏敬勤和刘静（2013）认为，动态能力包含市场感知能力、多组织协同控制能力、组织学习和吸收能力三个维度。徐宁和徐向艺（2012），徐宁等

（2014）认为，技术创新动态能力由技术创新投入能力、产出能力与转化能力构成。龙思颖（2016）将动态能力划分为学习、整合、重构和联盟能力。杜俊义等（2017）指出，动态能力包括机会洞察能力、创新学习能力和资源重构能力。

三、技术创新动态能力对技术创新绩效的影响

已有研究表明，技术创新动态能力能显著提升企业创新绩效。程和陈（Cheng & Chen，2013）的研究发现，动态创新能力强的企业，新知识吸收能力和新信息探索能力较强，会在新产品开发上投入大量资源，包括开发全新产品理念、积累最新知识和培训相关人员，创新知识积累提高了企业评估和运用新技术和新技能的能力，企业可以更快速地辨识技术机会，试验新设计，从事超越当前创新边界的突破性创新，开放式创新则增强了动态创新能力对突破式创新的积极影响。徐宁等（2014）的研究表明，技术创新动态能力能显著促进中小上市公司的价值创造，改善公司绩效，促进组织成长。纳撒尼尔（Nathaniel，2015）认为，技术创新能力是将多种资源结合起来支持创新战略的组织综合属性，发现技术创新动态能力能显著提升新产品开发绩效。胡畔和于渤（2017）指出，企业在技术追赶早期，能力进化式重构通过扩展和重构内外部资源、调整运营惯例和组织常规改善了技术创新绩效[①]。熊立等（2017）发现，动态创新能力积极影响创新绩效，但成功经验陷阱会抑制动态创新能

---

① 胡畔，于渤. 追赶企业的本地搜索、能力重构与创新绩效 [J]. 科研管理，2017，38（7）：72－80.

力对创新绩效的影响①。岳金桂和于叶（2019）发现，技术创新动态能力能显著改善技术商业化绩效。熊胜绪等（2017）的研究表明，技术创新动态能力的三个维度（技术机会感知能力、创新资源整合能力、适应环境的变革能力）正向影响研发绩效，创新资源整合能力和适应环境的变革能力正向影响产业化绩效；熊胜绪和李婷（2019）的研究表明，技术创新动态能力上述三个维度对研发绩效和新技术产业化绩效都有显著影响。

第三节　企业技术创新绩效的相关研究

一、关于技术创新绩效内涵的研究

绩效的含义主要有：第一，绩效是结果、成就、成绩、行动的完成，或者要求、允诺或请求的满足和履行。伯纳丁等（Bernardin et al.，1993）认为，绩效是工作、行动或行为在某个时期产生的结果。第二，绩效是做事的能力和效率。张泳等（2013）认为，组织绩效指组织目标的实现程度。第三，绩效是做事的行为或过程。坎贝尔等（Campbell et al.，1990）认为，绩效与行为同义。第四，绩效是包含行为和结果的综合构念。奥特利（Otley，1999）认为，绩效指工作的过程及达到的结果。

---

① 熊立，张典，陈诗颖. 动态能力迁徙与企业创新绩效弱化：成功经验的阴暗面效应［J］. 现代财经（天津财经大学学报），2017（10）：103－113.

陈黎明（2001）认为，绩效是各目标主体在一定时期内在特定组织中的多样化行为及其导致的结果。

国内外学者把技术创新绩效与研发投入、创新产出、对组织的影响密切联系，更加关注创新绩效的衡量和评价指标的探索，对其内涵尚没有形成统一观点。德鲁克（Drucker，1993）指出，创新超越了科学和技术，能通过商业化过程实现研发价值，创新绩效是创新成果的综合反映。哈格顿和克洛特认为，技术创新绩效是从事技术创新的效率和效益，广义上指创意、草案形成、技术研发、新产品开发及市场引入整个过程取得的成果，狭义上仅指将新技术引入市场的效率和效益[①]。云图宁（Jantunen，2005）认为，企业技术创新绩效是由产品创新或工艺创新带来的企业绩效的提高。

国内学术界，傅家骥（1998）首次提出技术创新绩效概念，认为其是技术创新过程的效率、产出的成果及其带来的商业成功。高建、汪剑飞和魏平（2004）认为，技术创新绩效包括过程绩效和产出绩效，过程绩效表现为技术创新过程执行的质量，产出绩效表现为技术创新成果给企业带来的各种效益和影响。陈劲和陈珏芬（2006）认为，技术创新包括新思想产生、新技术的研发、新产品的试制、大规模生产及商业化整个过程，技术发明的首次商业化是技术创新成功的标志。其认为企业技术创新绩效包括产出绩效和过程绩效，产出绩效主要从 R&D 绩效、生产制造绩效、营销绩效上反映，过程绩效反映企业技术

---

① Hagedoorn J, Cloodt M. Measuring innovative performance: Is there an advantage in using multiple indicators? [J]. Research policy, 2003, 32 (8): 1365 – 1379.

创新活动的管理水平。简兆权等（2010）将技创新绩效定义为技术创新活动所直接产出的、能客观测度和感知的成果，包括创新效益和创新效率。

二、关于技术创新绩效测度的研究

由于技术创新过程与产出的复杂性和多样性，很难用单一指标准确全面测度，测度方法包括从技术到市场再到财务在内的多种指标。

国际上，格里芬（Griffin，1993）开发的产品创新收益量表主要从顾客满意、财务指标、运营流程等方面考察产品创新绩效。穆罕默德和理查兹（Mohamed & Richards，1996）主要从产品质量、生产方式、营销战略等 15 个方面考察企业技术创新绩效。对技术创新绩效的测度具有代表性的著作是经济合作与发展组织（1997）出版的《奥斯陆手册》（Oslo Manual）已成为国际认可的创新调查指南，手册通过四个维度对企业技术创新绩效进行量化，分别是企业的创新支出、创新产出（专利、技术贸易收支、论文等）、创新的冲击（如最近三年因创新技术所增加的产品销售额或出口额、因引进新流程等所节省的生产要素数量等）、创新的周期（如计划到生产的时间、成本回收时间等）。阿莱格雷（Alegre，1999）在《奥斯陆手册》的基础上通过技术创新效果和技术创新效率两个维度对技术创新绩效进行测量。里特等（Ritter et al.，2003）从产品创新和工艺创新两方面开发了六个题项来测度技术创新成果。哈格顿和克洛特（Hagedoorn & Cloodt，2003）用 R&D 投入、专利的申请数和引用数、新产品开发数来衡量技术创新绩效。朱克等（Zucker et al., 2002）和巴巴（Baba, 2009）的研究表明，专利可以有效衡量企业研发产出。莱波宁和黑尔失（Leiponen & Helfat, 2010）采用新技术引进和新产品销售额占比来表征创新绩效。阿费加和凯蒂拉（Ahuja & Katila, 2001）使用企业在一年内成功申请的专利数或被授予的专利数来测度创新产出，以专利创新产出作为技术创新绩效的测量指标，并指出用专利来测度创新产出既有明显优势，也有明显劣势。优势是：第一，专利与创造性直接相关，专利只授予明显改进或具有明显效用的解决方案。第二，专利代表了外部可验证的技术新颖性。第三，专利赋予受让人财产权，具有经济意义。第四，专利与其他创新产出的衡量指标（新产品、发明数、销售增长等）密切相关，专家对企业技术实力的评分也与企业拥有的专利数高度相关。第五，对专利持有者的调查表明专利的实用性相当高，估计有41% ~ 55%被授予的专利中至少在有限时间内可转化为商业用途，大约50%的专利仍在续期，续期费是在专利最初申请10年后支付的，相当大的续期费表明大多数专利在重要时刻具有显著的实用性。劣势是：第一，有些发明是不可申请专利的。第二，有些发明没有被授予专利。第三，被授予专利的发明的经济价值也有很大差异（Cohen & Levin, 1989）。在不同产业中，前两个因素的问题比较严重。

国内学术界，学者认为，技术创新评价指标体系能直接测度其效益。单红梅（2002）、胡恩华（2002）、王青云和饶扬德（2004）建议，评价指标应分为经济效益和社会效益，其中，经济效益主要有新产品的数量和单位成本、新产品销售额占比、

新产品销售额与投入经费的比率、新产品市场欢迎度、新产品
创汇率、专利拥有增加数等指标[①]。罗明新等（2013）认为，专
利数据便于高科技企业在新技术、新工艺、新产品等方面的比
较。国内学术界利用专利数测度技术创新的做法较普遍。裴云
龙（2017）以观测时间段内企业专利申请数来测度技术创新绩
效。陈夙（2016）采用发明专利数量与发明专利质量的乘积衡
量新兴企业技术创新绩效。发明专利数量通过查询专利网站获
得，与采用有效发明专利和剔除无效专利不同，申请并公布的
专利数量包含了无效发明专利；用新兴技术发明专利平均存续
年数来衡量发明专利质量是专利与创新研究的典型做法。严焰
和池仁勇（2013）认为，新产品销售收入直接反映创新活动所
产生的收益，是技术创新绩效的显性指标，比专利更能反映研
发成果的商业化水平[②]。林义屏（2004）、段发明（2016）开发
了围绕产品创新和工艺创新的技术创新测度量表。官建成和史
晓敏（2004）用创新产品销售收入在总销售收入中的占比与创
新产品数量在产品总数的占比测度创新型企业的技术创新绩效。
韦影（2006）、张方华（2006）将企业技术创新绩效分为创新效
益和创新效率，创新效益包括创新产品成功率、年申请专利数、
新产品销售比重，创新效率包括新产品开发速度和年新产品数
量。谢凤华等（2008）参考陈劲和陈钰芬（2006）的做法，从
R&D 绩效（专利授予数等）、生产制造绩效（新产品数等）、营

---

① 王青云，饶扬德.企业技术创新绩效的层次灰色综合评判模型［J］.数量
经济技术经济研究，2004，21（5）：55-62.

② 严焰，池仁勇.R&D 投入、技术获取模式与企业创新绩效——基于浙江省
高技术企业的实证［J］.科研管理，2013，34（5）：48-55.

销绩效（新产品销售额占总销售额的比率等）三方面对其进行测度。许冠南（2011）从创新效率角度对技术创新绩效进行测度，包括五个题项：新产品数、专利申请数、新产品销售额占比、新产品开发速度、创新产品成功率。谢洪明（2012）从产品创新和工艺创新两个方面对技术创新绩效进行测度。吴楠（2015）根据高技术民营企业的特点，从市场表现和创新表现两方面选取近三年新产品数量、新产品成功率、新产品开发和市场化速度、年专利申请数、新产品销售额占比等指标测度技术创新绩效。

总之，在技术创新绩效的测度方面，学者采用客观数据或主观问卷。采用主观问卷的学者大多采用专利申请数、新产品数、新产品销售额占比、新产品开发速度、新产品商品化速度、市场占有率、获利能力、利润率等多维指标对其进行测量，尤其新产品数量和新产品销售额在总销售额的比重在众多文献中被广泛应用。

第四节　研究述评

一、已有研究的主要理论贡献

（一）对网络关系形成了多视角的解释

学者基于资源基础观、交易成本观、资源依赖观等理论视角，对网络关系进行了基础性理论探索和实践检验，形成了多视角具有重要解释力的学术洞见，为纵览网络关系相关研究提供了重要的文献来源。把网络关系纳入技术创新的研究范畴，从不同视角探讨网络关系的维度构成，揭示网络关系对组织资源获取、动态能力构建、技术创新的作用，拓展了对技术创新绩效来源和形成过程的认识，为构建新的技术创新绩效形成机理提供了思路。

（二）初步构建了企业技术创新动态能力的基本理论框架

学界基于动态能力理论对技术创新动态能力的概念和内涵进行了探讨，尽管对这一构念的理解有很大分歧，但均把它视为企业持续创新能力和持久技术竞争优势的来源。对技术创新动态能力的内涵、维度构成、战略管理思想及理论基础的研究，明晰了对技术创新动态能力形成过程的认识，为进一步探讨技术创新动态能力形成机理提供了便利。

（三）为深入研究网络关系对技术创新的影响奠定了一定的理论基础

技术创新绩效的研究较全面勾勒出了技术创新绩效指标选取标准。对技术创新动态能力与技术创新绩效的关系，以及从网络关系视角对其对技术创新绩效的影响机制进行研究取得的丰富实证成果，初步检验了技术创新动态能力与技术创新绩效的关系，为深入研究网络关系影响技术创新绩效的作用机制指明了方向。

二、需要进一步研究的问题

（一）网络关系的研究视角需要进一步创新

以往的研究都将网络关系概念化为单一时刻的事件，即依据某个属性对网络关系构念进行维度划分，如强关系和弱关系、同质关系和异质关系等，但在现实中，网络关系是动态的，现有的维度划分没有反映其动态过程。这种基于静态视角的维度划分方法不利于企业技术创新实践中对网络关系的有效管理，进而会影响到网络关系在技术创新中的作用。因此，结合技术创新实践，从新的动态视角探索企业网络关系的维度构成，并探讨各维度对企业技术创新绩效的影响，还需要从理论上做进一步的研究。

（二）网络关系对技术创新绩效的影响机制还缺乏深入研究

网络关系与技术创新绩效关系虽已有许多研究，但多聚焦于网络关系对技术创新绩效的直接影响，以及资源整合、知识共享等因素的中介作用方面。实践中，网络关系强大的企业表现出来的技术创新绩效是具有持续性的。例如，美国硅谷是世界有名的高科技园区，企业之间、企业与高校、企业与中介机构建立的庞大的网络关系为硅谷企业的技术创新提供了便利，是持续创新绩效的重要来源。这表明，网络关系不仅影响企业的技术创新能力，而且影响企业技术创新的动态能力。但文献回顾表明，网络关系对技术创新动态能力影响方面的研究还很匮乏。技术创新动态能力是近几年提出的一个较新的概念，技术创新动态能力及其对技术创新绩效的影响虽有一些研究，但还很零散，不够深入和系统。从技术创新动态能力视角揭示网络关系影响技术创新绩效的内在作用机理，还需要系统的理论研究。

基于以上文献研究，本书将从动态角度看待网络关系，将网络关系从网络关系的选择、网络关系的维护和网络关系的利用三个维度进行考察，并从技术创新动态能力的视角，研究和揭示网络关系的这三个维度影响企业技术创新绩效的内在机理，在此基础上，为网络关系的管理和企业技术创新实践提供对策建议。

第三章 概念模型与理论假设

第一节 概念模型与主要变量的界定

一、概念模型的提出

网络关系不仅会影响企业的技术创新绩效（Powell et al.，1996；Dyer，2000；魏江，2010；李文丽和杨吉生，2018），而且会影响企业的动态能力（Cabanelas et al.，2013；Erick et al.，2019）。技术创新动态能力是企业动态能力的一个构成部分，由此我们可以推断，网络关系对企业技术创新动态能力是会产生影响的。

早在20世纪五六十年代，战略管理学界就提出"资源决定能力，能力决定绩效"的理论架构（Penrose，1959；Wernerfelt，1964；Barney，1991），这一理论框架得到了国内外战略管理学界的普遍认同，并成为研究企业竞争优势来源的经典理论框架。按照这一理论框架，网络关系作为一种资源（Gulati，1999；Wadhavan et al.，1999），会通过技术创新动态能力而对技术创新绩效产生作用。

组织理论研究发现，组织创新氛围也会对技术创新产生影响，因为浓郁的组织创新氛围意味着组织对创新活动的支持度高，愿意为员工创新提供更多资源，承担更大的创新风险（Ren et al.，2015）。实证研究也表明，组织创新氛围能增强员工的自我效能感，浓厚的组织创新氛围中，员工被赋予更高的期望，在创新活动中更加自信。这表明，在网络关系影响技术创新动态能力的过程中，组织创新氛围会产生调节作用。

同时，动态能力理论认为，动态能力作为应对环境变化的能力，在动态环境中更有价值，更能发挥作用（Zollo & Winter，2002；Wilden & Gudergan，2014）。由此推断，环境动态性对技术创新动态能力转化为技术创新绩效应具有调节效应。

基于以上分析，本书将网络关系、技术创新动态能力、技术创新绩效、组织氛围和环境动态性纳入一个分析框架，以技术创新动态能力为中介变量，以组织创新氛围和环境动态性为调节变量，构建一个网络关系影响企业技术创新绩效的研究模型，如图3-1所示。本书希望通过对这一模型的理论研究与实证分析，更好地揭示网络关系影响企业技术创新绩效的内在机理。这一研究是对网络关系理论研究的一个深化，也是对企业技术创新理论研究的一个补充。

二、主要变量的界定

（一）网络关系

模型中网络关系（network relationship，NR）指组织为了从

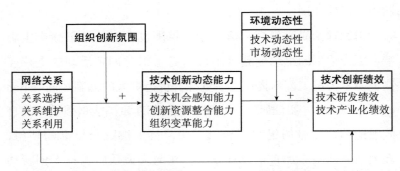

图 3 - 1　网络关系通过技术创新动态能力影响技术创新绩效的概念模型

外部环境中获取创新资源等目的，在契约、信任、承诺、投入、沟通、协调等基础上，通过技术伙伴选择、维护和利用等过程与其他组织之间建立的互惠的、稳定的正式或非正式联结，它是组织的外部战略创新资源。依据组织间关系的建构过程，本书将网络关系分为网络关系选择、网络关系维护和网络关系利用三个维度。

1. 网络关系选择

网络关系选择（network relationship selection，NRS）是企业构建网络关系的起点。网络关系选择指企业根据自身的发展需求（如获取互补创新资源等），依据一定的选择标准，从外部网络环境中选择技术合作伙伴的过程。这些标准包括：伙伴的研发能力，伙伴的行业和社会声誉，双方战略和文化的兼容性，双方资源技术的互补性（包括关联性和差异性），伙伴的数量和多元性（或异质性）等（Brouthers et al.，1995；Hitt et al.，2004；Yayavaram et al.，2018）。

2. 网络关系维护

网络关系维护（network relationship maintenance，NRM）也称

网络关系经营，指企业基于外部技术获取等目的在与其他组织构建高质量的、稳定的网络关系时必须遵循的契约原则和付出的交易成本，包括信任（能力信任和意愿信任）、承诺和投入、冲突管理和有效沟通、频繁互动、互惠互利等行为（McEvily et al.，2003；Anderson & Sullivan，1993；Mohr & Spekman，1994；薛卫等，2010；Granovette，1973），其结果是关系质量的提升。

3. 网络关系利用

网络关系利用（network relationship exploitation，NRE）指企业主要通过与合作伙伴共享知识和共创价值来利用选择和维护的网络关系以获益（如获取创新资源等）。首先是知识共享（Sherwood & Covin，2008；Lee，2001；Zhang，2011）；其次是价值共创，包含共同制定创新合作计划、共同执行创新合作计划、共同解决创新合作问题（Claro & Claro，2010；Aarikka & Jaakkola，2012；Heide & Miner，1992；Lusch & Brown，1996；McEvily & Marcus，2005）。

（二）技术创新动态能力

技术创新动态能力（dynamic capability of technological innovation，TIDC）指企业为了应对已经发生或可能发生的变化，持续整合内外部创新资源，优化创新资源基础，重构组织流程和惯例，推动技术创新能力不断提升的能力。本书采用熊胜绪等（2016）的观点，将其分为技术机会感知能力、创新资源整合能力、组织变革能力三个维度。

1. 技术机会感知能力

技术机会感知能力（opportunity perception capability，OPC）

指企业对环境中的科技信息、产业和市场结构演化，以及顾客、供应商、竞争对手等利益相关者信息所蕴含的技术机会进行扫描、获取、识别、学习、解释、评估和释放的能力。感知和识别技术机会是制定技术决策、实施技术战略变革、推动技术创新的前提，它是意图和行动交互形成的构念，包含信息的交换、诠释和多维分析、创造等内容，是一项极富智慧的创造性活动。个人认知能力，组织的流程和惯例、知识储备、学习能力、信息利用都影响着技术机会的感知和识别（Teece et al.，1997）。

2. 创新资源整合能力

创新资源整合能力（resource integration capability，RIC）指企业对组织内外部知识等创新资源进行鉴别、评估、协调、配置、重组、淘汰以释放不需要的资源，创造新资源，产生新价值的能力。创新资源是新技术研发和产业化的基础，决定着企业从技术创新中获取的价值，包括知识、技术、人才、资金、设备厂房、营销网络、品牌等。在当今开放式创新环境下，对外部知识的吸收和整合不仅能优化资源基础，还能完善组织创新流程。

3. 组织变革能力

组织变革能力（organizational reform capability，ORC）是企业根据环境变化动态调整、重组和创造资源形成产生竞争优势的新资源，以及整合和重构旧能力、创造新能力的能力（Teece et al.，1997），是整合、重置、获取和释放资源等变更资源基础以适应甚至创造市场变化的过程（Eisenhardt & Martin，2000），是组织柔性和组织适应性，是组织最重要的能力（William &

Thomas，2009）①。在动荡环境中，组织保持创新优势的战略逻辑是抓住技术和市场机会，当务之急是何时、何地和多久进行组织变革。适应环境的组织变革包括企业在面对环境变化时重新设计组织系统、变革组织结构和规则、再造业务流程、克服管理者认知偏见、更换高管团队成员、创新商业模式等，能帮助企业克服路径依赖、核心僵化和组织惯性（Teece，2007），产生新的创造价值的组织流程和战略惯例（Grant，1996）。

（三）技术创新绩效

技术创新绩效（technical innovation performance，TIP）是企业从事技术创新活动的效率、产出的成果及对商业成功的贡献，包括新技术研发绩效与产业化绩效两个方面。采用主观问卷法的学者大多采用专利申请数量、新产品数量、新产品开发速度、新产品开发成功率、新产品商品化速度、新产品销售额占比、新产品市场成功率、市场占有率、获利能力和利润率等指标来测度技术创新绩效，尤其新产品销售额占销售总额的比重能直接反映创新活动的收益，比专利更能衡量研发成果的商业化，是较为显性的创新指标，在众多文献中被广泛应用（Hagedoorn & Cloodt，2003；Leiponen & Helfat，2010；Zhang & Li，2010；Chen & Vanhaverbeke，2011；傅家骥，1998；高建等，2004；陈劲和陈珏芬，2006）。

（四）组织创新氛围

基于阿马比尔等（Amabile et al.，1996）②、陈和胡（Chen

---

① William J, Thomas D. Organizational change capacity: The systematic development of a scale [J]. Journal of Organizational Change Management, 2009, 22 (6): 635 – 649.

② Amabile T M, Conti R, Coon H, et al. Assessing the work environment for creativity [J]. The Academy of Management Journal, 1996, 39 (5): 1154 – 1184.

& Hu, 2008）等前人的相关研究，本书认为组织创新氛围（organizational innovation climate, OIC）是组织吸引和鼓励成员实施创新行为的组织特质，是组织成员主要是中下层管理人员和员工对所处的工作环境是否支持创新的整体性心理感知，这种感知会影响成员的态度、信念、动机、价值观和创造力，进而影响组织创新。最高管理层是组织创新氛围培育的核心。组织创新氛围包括创新价值导向等组织政策氛围，创新激励、资源支持等组织制度氛围，以及失败容忍、创意上级鼓励、员工自由开放合作、工作自治等组织文化氛围。

（五）环境动态性

环境动态性（environmental dynamics, ED）的界定沿用威尔登和古德根（Wilden & Gudergan, 2014）、舍尔奇（Schilke, 2014）、李和刘（Li & Liu, 2014）、米勒和弗里森（Miller & Friesen, 1983）、德怀尔和威尔士（Dwyer & Welsh, 1985）、詹森等（Jansen et al., 2006）、瑟蒙等（Sirmon et al., 2007）、高尔等（Gaur et al., 2011）的研究，将其定义为企业经营环境中技术、市场和竞争等因素波动的频率和幅度以及难以预测性，既包括发展过程的波动性，也包括未来发展结果的难以预测性。环境动态性主要包含技术动态性和市场动态性两个维度。技术动态性（technology dynamics, TD）主要指产业技术变革的速度、幅度以及预测难度，包括现有产品的改进，新产品、新工艺和新技术的出现、技术突破的不确定性、技术标准、技术法规等因素的变化。市场动态性（market dynamics, MD）指企业产品市场和客户需求等市场环境变化的速度、幅度及预测难度，包括顾客构成和顾客偏好的变化，行业增长机会，竞争者数量、存在竞争领域的数量、竞争对手战略和行为的难以预测性等行业竞争激烈程度，政府政策变化等因素。

第二节 理论分析与研究假设

一、网络关系对技术创新动态能力的影响分析

（一）网络关系选择对技术创新动态能力各维度的影响

网络关系选择质量高，意味着技术伙伴科研实力雄厚、信誉良好、双方目标兼容、资源互补、伙伴类型丰富，通过技术合作和组织学习，企业可从伙伴身上获取有价值、稀有的技术和市场方面的新信息、新机会和新思想。嵌入地理集群与区域机构保持紧密联系的企业处于获取新信息和新机会的有利位置，集群企业本地和超本地双重关系嵌入提升了技术机会感知和识别能力（McEvily & Zaheer，1999）。由于超本地关系嵌入提供更加丰富、更加异质的环境信息，其对技术机会感知能力的影响显著大于本地关系嵌入（康健，2015）。另外，企业嵌入供应商—买方关系，由于买方就是市场，可为供应商提供有价值的产品开发和产品改进理念以及行业趋势信息（Mahmood et al.，2012）。因此，企业选择丰富的、异质性的网络关系影响着技术机会的搜索以及对顾客的快速响应。

选择网络关系伙伴能帮助企业获取、整合、再配置和释放资源，拥有、控制或连接足够的内外部创新资源是资源整合的

前提（Wu，2007），相对于网络外的企业，网络赋予成员更多创新资源。高度互联、强大的网络关系创造了各种制度化惯例以及强有力的身份和协调规则，促进了技术伙伴之间的多方位知识流动，企业在加入知识共享网络后学得更快，网络中知识和资源的多样性使得网络作为一种组织形式在整合、重组、创造知识和资源方面优于企业，创造竞争优势的动态学习能力应扩展到企业边界之外（Jeffrey & Kentaro，2000）。

企业从选择和构建的网络关系中获得的知识信息等创新资源是变更资源基础、重构流程惯例、实施组织变革的保证。企业选择的网络关系越发达，从中感知和识别到的技术机会和市场机会越多，获取到的信息知识等有效创新资源也越多，为捕获和利用感知和识别到的技术机会和市场机会，就需要适时进行适时结构、流程、惯例等方面的组织变革，这就提升了组织适应环境的组织柔性能力与变革更新能力（Ho & Tsai，2006；杨鹏鹏等，2008）。

（二）网络关系维护对技术创新动态能力各维度的影响

关系维护虽然在客观上有理性计算成分，但更多地被定义为情感发生。如果强调用理性来交往，处处摆出凡事都得讲理的姿态或斤斤计较对与错，那么道理可能越辩越明，但关系却越来越僵，彼此感情受损，伤了和气（翟学伟，2019）。信任是所有持久社会关系和社会资本的重要元素，同他人的联系越多，越信任他们，反过来也一样①。

---

① Putnam R D. Bowling alone：American's decling social captical ［J］. Journal of Democracy，1995c，6（1）：65 – 78.

　　企业与技术伙伴相互信任、彼此承诺、有效沟通、互动频繁的网络关系促进了更广范围和更深程度的环境信息的交流，为企业持续从丰富的、异质的技术伙伴身上获取技术和市场信息提供了机会，使企业能及时了解产业技术趋势，提高了对环境中技术机会的洞察和辨识，促进对市场机会的感知和顾客响应。密集、强大、良好的组织间关系启动了外部知识转化为内部能力的机制。与国内伙伴的良好关系利于国内市场技术机会的开发和利用，与国外合作伙伴的良好关系利于国际市场技术机会的开发和利用（Zahra & George，2002；Pinho & Carlos，2011）。网络关系质量、关系强度、关系久度利于技术机会的搜寻和识别以及接下来的筛选评估，促进对市场机会的感知和顾客响应（辛晴，2011）。

　　跨企业边界的网络关系协调和与技术伙伴的互动，加速了焦点企业对内外部知识的获取、转移、整合、重组（Lorenzoni & Lipparini，1999）。企业与产业内技术伙伴的互动能促进知识传播和组织学习，利于企业在知识的转移、吸收、整合、创造方面发展动态能力（Cabanelas et al.，2013）。沟通关系的强度表明了组织或个体之间思维联系的程度（Yuan et al.，2010）。当互动是频繁的、强烈的、互惠的、亲密的时候，沟通纽带是强大的（Granovetter，1973）。在强大的沟通纽带下，信任和彼此了解更有可能发生。强大的沟通纽带提供了获取隐性知识的途径。通过紧密的联系和强大的沟通纽带所获得的第一手经验对于学习隐性知识至关重要。

　　企业与技术伙伴相互信任、关系融洽、及时解决冲突、交流频繁、沟通顺畅有效，有助于提升信息传递和知识交流的质量，使企业在技术和市场机会感知和利用方面嗅觉更为敏感、眼光更为敏锐、行为更为敏捷。这些提升了企业对外部环境的洞察力，有助于整合创新资源，进而有助于调整组织结构、营造创新文化、实施技术革新以利用技术和市场机会。关系嵌入使企业从网络中获取更多环境方面的信息和知识，从而提升环境洞察力，进而提升组织在结构、文化和技术方面的柔性（张秀娥等，2012）。关系强度以及企业在网络中的位置，直接影响着环境适应能力和组织变革能力（董保宝，2012）。伙伴间关系越密切，网络黏性越大，关系变化可能性越小，技术伙伴在合作中在研发经费、专用资产、技术和人才方面付出的承诺和投入越多，对资源重构和创新变革等动态能力越有价值（李刚等，2014）。

（三）网络关系利用对技术创新动态能力各维度的影响

网络关系利用是企业学习隐性知识的重要渠道，利用伙伴关系让企业距离市场和前沿技术更近，帮助企业捕捉到依靠企业自身难以发现的市场机遇以及其中蕴含的新技术和新产品机会。企业利用组织间关系可以促进企业间的协作，获取的信息知识资源有助于应对不确定的环境、减少对控制之外的资源的依赖，有助于捕获和利用环境中的技术机会和市场机会，有助于在动态市场中重新定位自己（Caglio & Ditillo，2009）。埃里克等（Erick et al.，2019）对基于网络正式关系和非正式关系的研究表明，企业利用与其他组织的合作关系，通过资源交换和资源获取就区域产业发展有关问题共同作出决策和采取联合行动，帮助企业获取环境信息以及评估和监控市场机会和威胁，帮助企业接受和生产新知识和新思想，或把新知识和新思想应用到新产品和新服务上去，进而对环境中的机会作出合适反应。企业网络关系嵌入中的信息共享和共同解决问题对技术机会感知、创新资源获取及资源重构均有显著正向影响（杜健和周超，2018）。

网络关系中的知识共享和价值共创利于创新资源的获取、整合及重构。利用网络关系能为企业提供多种资源，包括技术和市场环境的机会等信息资源、财务资源、技术资源、品牌和渠道等市场资源、信任等资源，所以利用网络关系以获取外部互补资源是企业成长的一种重要方式和行动策略（Gulati，2007）。

在竞争激烈的全球商业环境中，战略联盟和网络关系被视为企业发展组织变革能力的关键资源。当环境需要组织开发新技术、新产品和开拓新市场时，网络关系利用提供了企业与技术伙伴共同设计、共同制造等工作方式，能使企业适时组建灵活的工作团队，变革不合时宜的组织流程，实现对组织结构的变革和流程再造，建立与新技术和新市场需求相匹配的商业模式。

基于以上分析，提出以下假设。

假设 H1.1：网络关系选择正向影响技术机会感知能力。

假设 H1.2：网络关系维护正向影响技术机会感知能力。

假设 H1.3：网络关系利用正向影响技术机会感知能力。

假设 H1.4：网络关系选择正向影响创新资源整合能力。

假设 H1.5：网络关系维护正向影响创新资源整合能力。

假设 H1.6：网络关系利用正向影响创新资源整合能力。

假设 H1.7：网络关系选择正向影响组织变革能力。

假设 H1.8：网络关系维护正向影响组织变革能力。

假设 H1.9：网络关系利用正向影响组织变革能力。

二、技术创新动态能力对技术创新绩效的影响分析

（一）技术机会感知能力对技术创新绩效的影响

技术机会是解释不同行业、不同时期创新活动的持续差异的关键因素（Nelson，1988）。机会感知是一项集信息的扫描、接受、创造、学习、解读、捕获于一体的活动，机会感知能力是动态能力的首要因素，是组织进行商业模式设计、资源配置和组织变革的基础。机会感知能力强，能使组织与环境相适应并明智地进行资源投资，从而产生竞争优势（Teece，2003，2007）。技术机会感知能力使企业从外部资源中及时筛选冗余信息，减少创新活动的内在不确定性，迅速整合信息资源与制定多种创新方案。技术机会感知能力强的企业通过跨技术和市场边界的扫描和搜索，更好地了解和把握技术变革方向和顾客需求趋势，能明智地进行资源投资和部署，更好地实现技术创新及其商业化的潜在价值。通用、IBM、DEC 等大型公司遭遇困境是因为对技术机会和顾客需求等信息感知的缺陷，狭隘的视野、核心能力僵化、固有的组织惯例、路径依赖以及相对迟钝的信息处理能力，使它们失去了对技术机会和顾客需求等信息的感知，从而失去了大好的商业机会（Henderson & Cockburn，1994）。

一些实证研究表明，技术机会感知能力利于提升技术创新绩效。公司感知到的技术机会的深度和广度影响以后在研发活动的数量和水平方面的选择（Teece，Pisano & Shuen，1997）。行业技术机会对新产品和改进产品的销售有积极影响，大学和

科研等目标较少的知识来源对研发强度有积极影响，与其他公司合作带来的技术机会对新产品和改进产品销售有积极影响（Becker & Peters，2000）。克莱沃里克等（Klevorick et al.，1995）的研究证实，来自设备供应商的技术机会影响工艺创新，来自材料供应商和用户的技术机会影响产品创新。玛丽亚和玛丽莎（María & Marisa，2003）的研究表明，与其他企业合作产生的技术机会对产品创新和工艺创新活动均有显著影响。技术机会识别能力能显著影响企业创新产量（Oltra，2010），而缺乏技术机会识别能力会显著制约技术商业化进程（Franzoni，2007）。李、金和辛（Lee，Kim & Shin，2017）基于技术机会到实际研发存在差距，提出将技术机会转化为定制化的研发计划，使研发过程效率更高，研发效果更好。制药行业拥有高水平的技术机会，从随机筛选到有指导的药物开发的转变，以及分子生物学和基因工程的进展，开辟了新的技术机会。巴斯蒂安（Bastian，2017）分析了美国潜在市场规模、技术机会和新药数量间的关系，发现新药物数量与市场规模和科技进步推动的技术机会有稳健的正向关系，科学研究特别是大学和公共研究机构的研究对创造新知识非常重要，这种新知识能更新和扩大技术机会，这些机会为新药物开发奠定了基础。

（二）创新资源整合能力对技术创新绩效的影响

巴尼（Barney，1991）分析了不同的企业资源产生可持续竞争优势的潜力，说明资源是企业竞争优势的来源。但资源本身对于企业竞争优势不是充分的，竞争优势源于整合和重构内外部资源以适应不断变化的环境。创新资源整合是筛选、吸收、融合和联结企业内外不同创新资源形成新资源。

经济全球化使创新资源更加分散，企业持续创新优势需对资源进行重新分配，从成熟和衰退业务领域转向新兴领域，资源整合为企业将所感知到的技术机会转化为资源分配和投资剥离提供了通道。资源整合能力增强了企业协调柔性，加强了组织成员之间或组织不同部门之间的沟通与协调，促进了对外部新知识的吸收，有利于降低技术创新的高度不确定性，克服对组织变革的焦虑。战略优势越来越需要整合组织的外部资源，如战略联盟、虚拟企业、买方—供应商关系以及技术合作等外部整合和外部获取，整合外部知识使企业能以更低的成本对流程做出适应环境的持续修正，通过有效整合互补资产、专有技术等内外部资源，创造"1 + 1 > 2"的协同效应。创新资源整合能力强的企业比竞争对手更敏捷地创建、扩展、修改企业的资源基础，以应对外部冲击、降低核心僵化风险和适应新环境（Newey & Zahra，2009），进而提升实现创新绩效。

当企业具有较强整合能力时，能以更少时间和更低成本整合相应资源，持续修正组织流程，避免惯例固化对创新的抑制。3M公司通过对公司内部资源的迅速整合（联合胶粘剂部门、研磨部门、涂抹部门和非纺织部门的资源），研制出不生锈的肥皂眼镜丝带，高效快速对产品做出更新，解决了顾客对生锈的不锈钢材质眼镜丝带产品的不满，抓住了稍纵即逝的市场机会。亨德森和克拉克（Henderson & Clark，1990）对摄像设备企业的研究表明，即使成熟的企业也会因缺乏创新资源整合和协调能力薄弱被微小的创新摧毁。因此，企业需要足够的整合能力来保持和占据竞争优势，否则很容易被淘汰。加尔文（Garvin，

1988）对空调设备工厂的研究表明，产品创新由组织整合活动驱动，包括收集和处理信息，将客户体验与工程设计联系，协调工厂和零部件供应商等。精益生产需要组织流程表现出高度一致性，需要整个组织以及组织间联系的系统性改变。创新的系统性增加了技术外部获取和整合互补创新资源的需要，开放式创新强调广泛的外部搜索以及整合客户、供应商等互补创新资源的重要性，如与大学和科研院所的技术合作（Chesbrough，2003）。克拉克和藤本（Clark & Fujimoto，1991）发现，众多制造企业在将新的技术模型从概念到商业化过程中，制造资源的整合和协调对产品开发成本、开发时间和开发质量等创新绩效有显著持续的影响。另外，市场整合经验能增加新市场探索的成功率，整合行业技术对新产品开发有益（King & Tucci，2002）。

（三）组织变革能力对技术创新绩效的影响

组织变革能力是企业在市场兴起、碰撞、分裂、演进和消亡时，动态调整、重组和创造资源形成产生竞争优势的新资源以及整合、构建和重构旧能力、创造新能力的能力（Teece et al.，1997），是产生新的价值创造策略的组织流程和战略惯例（Grant，1996）。组织最重要的能力是变革能力，是当今大多数组织所缺乏的一种能力，是组织柔性和组织适应性[①]。组织变革能力通过帮助企业塑造环境来实现进化适配（evolutionary fitness），其超越了技术适配（technical fitness），蕴含着创新适配

---

① William J, Thomas D. Organizational change capacity: The systematic development of a scale [J]. Journal of Organizational Change Management, 2009, 22 (6): 635 – 649.

（Helfat，2007）①。

首先，技术创新通常要求组织进行彻底的流程再造。随着时间推移曾经成功的结构、规则、程序和惯例开始失效，惯性和僵化约束着组织创新（Leonard & Barton，1995），这些规则和程序需不断修改。动态环境中不愿变革的自恋组织常会遭受挫折（Amit & Schoemaker，1993）。流程改变代价高昂加剧了组织焦虑，当创新是渐进式时，程序和结构可能逐步适应，当创新是激进式时，会要求创建全新的突破式的结构和程序（Teece，2000）。

其次，组织结构分散化支持技术创新。结构分散的组织具有更大的组织自治，利于对新市场和新技术做出持续响应（Teece et al.，1997）。标准化程序、既定能力、资产捆绑过紧会加剧不利于创新的决策偏见，依赖于路径、惯例、现有技术的战略在激进式创新方面存在障碍（Henderson & Clark，1990）。机构扁平化、决策权分散、柔性职责能提高组织创新绩效（Jantunen，2005）。事业部制、一体化公司、高柔性公司、虚拟企业、企业集团等不同治理模式支持着不同类型的技术创新，虚拟企业在实施自主创新时更有效，一体化结构更利于系统性创新（Argyres，1995）。

最后，管理者克服认知偏见、适时更换高管团队成员、创新商业模式利于技术创新。资产丰富的企业倾向于狭隘地将新投资限制在接近现有知识基础以利用现有资产的创新，这使企

---

① 黑尔夫塔（Helfat，2007）提出用技术适配和进化适配两个标准来衡量某种能力。技术适配指一种能力如何有效地执行其职能而不管这种能力能否使企业得以生存，进化适配指这种能力如何使企业在外部环境中生存得更好。

业很难实施根本性创新，即使辨识到创新机会也可能无法成功捕获，因此，管理者必须克服认知偏见（Teece，2000）。如果高管团队成员表现出感知、捕获和重构能力薄弱即战略渎职，更换他们对实现组织创新至关重要。好的商业模式能实现有利的成本结构并生成客户乐于接受的价值主张，使组织能获取大部分创新价值（Chandler，1990）。

总之，在动荡环境中组织保持创新优势的逻辑是抓住技术和市场机会，当务之急是何时、何地和多久进行组织变革。适应环境的组织变革能力使企业在面对环境变化时重新设计组织系统、调整组织结构、再造业务流程、克服管理者认知偏见、配置适当人员、创新商业模式等，使克服路径依赖、核心僵化和组织惯性以适应甚至创造市场变化，利于实现技术的研发绩效和商业化绩效。

基于以上分析，提出以下假设。

假设 H2.1：技术机会感知能力正向影响企业技术创新绩效。

假设 H2.2：创新资源整合能力正向影响企业技术创新绩效。

假设 H2.3：组织变革能力正向影响企业技术创新绩效。

三、网络关系对技术创新绩效的影响分析

（一）网络关系选择对技术创新绩效的影响

网络关系选择是企业出于获取互补创新资源等目的，依据一定的选择标准，从网络环境中选择合作伙伴的过程。这些标

准包括：伙伴的研发实力、伙伴在行业中和社会上的口碑和信用、双方战略和文化的兼容性、双方资源技术的互补性、伙伴的规模和多元性等。专业知识的广度和深度共同影响着技术创新，得益于选择的丰富的、互补的、异质的技术伙伴能帮助企业深化和拓宽知识库。在技术动态环境中，企业需要不断深化和扩大现有知识。企业选择网络关系伙伴时，向相似知识的联盟伙伴学习可深化知识，而向不相似知识的联盟伙伴学习可以拓宽知识。所以，为了知识深化，企业更应与在类似技术领域拥有专长的企业结成联盟，而为了扩大知识，更应与在相同技术领域拥有专长但以不同方式结合这些领域的知识的公司结成联盟（Sai et al. , 2018）。

网络伙伴关系的选择会直接影响技术创新绩效。研究发现，不适当的伙伴选择是技术联盟失败最为重要的原因之一（Brouthes & Pritzl, 1992；Mason, 1993），不恰当地选择结盟伙伴可能比孤军奋战面临更高的成本和风险（Brouthers et al. , 1995）。技术创新中，选择不同的网络伙伴，给创新绩效的影响也是不同的。企业选择知识互补的技术伙伴能丰富知识基础，有助于技术创新（Powell et al. , 1996）。知识互补包含知识差异性和知识关联性，知识差异性包括合作双方从事行业领域和团队成员知识的差异，知识关联性包括合作双方从事行业领域的重叠性和团队成员专业背景的相似性，双方知识越相似性，知识转移越容易（Reagans & McEvily, 2003），知识差异性和知识关联性均影响着技术创新绩效（韩馥冰和葛新权, 2012）。企业选择与位于网络中心的伙伴建立关系利于企业获取创新价值。张和李（Zhang & Li, 2010）发现，企业与各种服务中介的关系对产品创新有显著影响。3M 公司发明人专业知识的广度与发明的数量有关，发明人专业知识的深度能够产生技术上有影响的发明，创新者有效地将发明转化为商业上成功的产品要求他们必须兼具专业知识的广度和深度（Boh et al.，2014）。

（二）网络关系维护对技术创新绩效的影响

网络关系维护指企业为了创新资源获取等目的在与其他外部组织构建长期稳定的网络关系时必须遵循的契约原则和付出的交易成本，包括信任、承诺和投入、冲突管理、有效沟通、关系强度等。维护与外部网络中技术伙伴高质量、安全而稳定的网络关系能促进互补性资源的流动，加强跨组织的学习，实现创新过程中知识和信息的传递、反馈和交互，进而提高创新效率和效果。关系维护质量影响合作功能的发挥，与供应商高质量的合作关系可以使企业获得较低的原材料或零部件采购价格，从而降低企业的生产成本（Kalwani et al.，1995），进而利于工艺创新和产品创新。企业与技术伙伴的共同行动能增加复杂、缄默知识的交换，使信息在合作成员间流动（Nonaka & Takeuchi，1995），安全而稳定的网络关系能促进互补性资源的流动，加强跨组织的学习，实现创新过程中知识和信息的传递、反馈和交互，进而提高创新效率和效果（Nohria & Zaheer，2000）。

高效而频繁的互动能提高网络成员的彼此理解，加深以知识为基础的信任，高效促进知识转移（Julia，2009）。企业与技术伙伴彼此之间较高的信任水平能降低知识和资源共享的不确定性，对其行动形成正向的预期，彼此更愿意开放知识和资源，进而促进知识和资源整合。当互动是频繁的、强烈的、互惠的、私人化的时候，沟通纽带是强大的（Granovetter，1973）。处于信任关系中的人更愿意分享资源，这反过来又增加了获取准确的、完整的、深度的信息的机会。与关键供应商的多重、频繁、基于信任的关系有利于企业获得互补的能力和专业知识，加速了企业的知识获取和转移，这对公司增长和创新重要影响（Gianni & Andrea，1999）。良好的关系维护将促使共同语言和默契的建立。关系维护使 R&D 合作企业间的行为更为协调，进而促进合作中的知识创新。网络联结程度、成员间信任和信息共享有效促进企业对外部显性知识和隐性知识尤其是隐性知识的获取，强连接通过创新成果采纳、知识创造和知识转移对创新绩效产生积极影响源自强连接固有的信任、互惠和相互的身份认同（马晓芸和何红光，2015）。

（三）网络关系利用对技术创新绩效的影响

网络关系利用指企业如何利用选择和维护的网络关系以促进技术创新，企业主要与合作伙伴通过价值共创和知识共享促进知识和资源的整合来获益。企业利用网络关系是获取外部知识的重要通道，网络关系为企业提供了互补技术，以规模效益和丰富的知识基础影响着企业创新（Powell et al.，1996）。

知识共享方面，杰弗里和肯塔基罗（Jeffrey & Kentaro，2000）发现，供应商在参与丰田的知识共享网络后确实学得更快。丰田使用参与和进入网络的规则建立强大的网络身份，生产知识是网络的产权，丰田高度互联、强大的关系网络建立了各种制度化惯例，促进了供应商之间的多方位知识流动和知识共享。网络创造了强有力的身份和协调规则，提供了多样化的知识，使得其在创造和重组知识方面明显优于企业。网络关系中制度化的协作规则促进了技术伙伴之间显性知识和隐性知识的共享和获取，进而影响了知识创新（Dyer et al.，2000）。知识转移和知识创造固然需要正式知识网络，但非正式的人际网络和友谊对于知识转移和知识创新也发挥着重要作用，有效的知识转移和知识管理有助于企业开发新产品和新服务。随着时间的推移，拥有强大的供应商网络意味着拥有强大的知识网络，这样的公司其产品生产率和产品质量水平要高于网络关系薄弱的公司，与供应商共享知识提升了企业的产品创新绩效（An-drawina et al.，2009）。技术伙伴之间进行知识共享帮助企业寻求新的业务机会和流程改进，促进了技术知识和市场知识的探索和利用，新流程的创建促进了产品创新，新的业务机会提高了技术商业化绩效（Steffen et al.，2017）。企业利用安全而稳定的网络关系促进了互补性知识资源的流动，加强了跨组织的学习，实现创新过程中知识和信息的共享、传递、反馈和交互，进而提高了技术创新的效率和效果。市场关系和技术关系通过企业内外知识类型的匹配程度促进知识累积程度和技术水平的提高（李文丽和杨吉生，2018），有助于技术研发绩效和技术商业化绩效的提升。

价值共创方面，企业与技术伙伴的共同行动能增加复杂、缄默知识的交换，使信息在合作成员间流动，网络中制度化的协作规则促进成员间知识共享，进而影响知识创新。企业利用网络关系与机会伙伴联合解决问题促进了复杂的和难以编纂的知识的转移，使企业从技术伙伴身上学到更多知识，从而提升技术创新绩效。企业利用网络关系的程度越高，与外部信息交换就越频繁和深入，借助信息共享、信任和共同解决问题等机制学到的新知识就越多，就越能促进知识获取和技术创新（Uzzi，1996）。企业与技术伙伴共同制定合作目标，根据合作目标共同制定和执行创新合作方案，共同承担合作中的责任和风险，主动探讨技术合作中相关问题，共同解决合作中的不良问题，甚至对共同创新需要的技术进行专门的研究和开发，可凝聚技术合作各方的创新资源和智慧，利于提高伙伴对技术合作的投入和承诺，利于工艺创新和产品创新取得成功。

基于以上分析，提出以下假设。

假设 H3.1：网络关系选择正向影响技术创新绩效。

假设 H3.2：网络关系维护正向影响技术创新绩效。

假设 H3.3：网络关系利用正向影响技术创新绩效。

四、技术创新动态能力的中介效应分析

（一）技术机会感知能力的中介效应分析

对于技术密集型企业，技术创新动态能力的不同会导致技术信息能力的显著差异，进而导致技术创新绩效的显著不同。对于信息的认知和加工是组织行为的基础，技术机会感知能力是组织对环境中的信息进行感知、识别、获取、诠释并采取行动的能力，是企业信息处理能力的体现。技术机会感知能力为企业提供了有价值的技术决策信息，是企业在高技术动荡、高市场动荡和超竞争环境中采取适当应对措施和行为的重要基础。只有将组织技术研发活动与技术环境中的机会、威胁等信息进行正确的感知和识别，才能提高组织创新行为的效率和效果，

提升技术的研发绩效和产业化绩效。

　　技术机会感知能力在网络关系与技术创新绩效之间发挥中介效应。首先，企业通过嵌入的网络关系进行技术合作和组织学习，从技术伙伴身上获取稀缺的、异质的、丰富的有关技术和市场的新信息和新资源。网络资源的稀缺性影响技术机会感知的效果，网络资源的互补性影响技术机会捕获的效果，网络资源的可访问性影响技术机会捕获的效率，网络资源的可扩展性和适配性影响技术机会转化为新技术和新产品的效果，网络资源的实用性影响技术机会转化为新技术和新产品的效率（Ali-naghian & Razmdoost，2018）。网络关系影响企业从伙伴那里获取的信息和知识。密集、强大、良好的组织间关系启动了外部知识转化为内部能力的机制，该机制可用于技术和市场机会的感知、识别和捕获，进而可用于新流程、新产品或新服务的开发，从网络关系获得的关键信息、知识和资源为技术和市场机会的感知和识别以及新产品的开发和利用提供了启迪和新想法（Zahra & George，2002；Pinho & Carlos，2011）。技术机会感知能力能促进组织根据环境变化有效部署资源。技术机会感知能力的培育需不断采取跨技术和跨市场边界的扫描、搜索和探索，包括：加强研发投资以挖掘各种技术可能性、频繁探索顾客需求、强化竞争情报收集、跟踪新技术变革趋势、理解产业和市场结构演化以及加强对供应商和竞争对手的响应等，而企业构建网络关系利于推动这些活动的顺利进行。其次，技术机会感知能力越强，就越能更好地理解技术研发及其商业化的价值，也就越能前瞻性地实施技术创新。尤其在动态环境下，技术机会感知能力能促进企业有效配置创新资源以响应变化的环境

（Eisenhardt & Martin，2000）。技术机会感知能力强的企业能更好地响应技术和顾客需求的变化，开发出市场需要的新技术和新产品，并及时将其产业化，获取商业价值。总之，网络关系是企业在更广的信息渠道中对内外部技术信息进行充分感知，扩大技术信息搜寻范围，提高技术机会感知效率，促进企业对技术信息的持续获取、筛选和诠释，对环境中技术和市场机会进行成功校准（Teece，2007），进而整合和利用创新资源，进行技术创新。

（二）创新资源整合能力的中介效应分析

创新资源整合能力对于企业技术创新至关重要。在网络关系影响技术创新绩效的过程中，创新资源整合能力发挥着中介作用。

熊胜绪和李婷（2019）以我国制造业企业为研究对象，发现创新资源的整合能力在组织柔性与技术创新绩效之间起部分中介作用。吴俊杰和戴勇（2013）的研究表明，知识资源的整合能力在社会资本与技术创新绩效之间发挥中介作用。

网络关系影响技术创新绩效需要通过创新资源整合能力的形成。网络关系的选择、维护和利用能极大提升企业对与技术创新相关的创新资源的获取范围、获取效率、获取质量，进而对相关的创新资源进行配置和重组，融入企业创新资源体系，在节约投入成本的作用下，加强企业运营系统中创新要素的高效生产与流动，提升企业创新能力。创新资源的获取和配置是创新资源整合能力的重要组成部分，网络关系使企业能高效进行优质资源获取，为创新资源的整合提供关键的资源基础。组织通过创新资源整合能力对来源、内容、性质不同的创新资源进行汲取、配置、激活和重组，能够提升创新资源的系统性和价值性，并通过及时对无价值资源进行淘汰的方式，重构原有资源体系，提高创新资源利用效率，为企业带来较高的技术创新绩效。例如，高质量的网络关系维护意味着频繁的、强烈的、互惠的、私人化的联结，在强大的沟通纽带下技术伙伴间信任和彼此了解更有可能发生，而处于信任关系中的人更愿意分享资源，这反过来又增加了企业获取准确的、完整的、深度的信息资源的机会，牢固的联系对专业知识的交流和整合非常重要（Granovetter，1973）。另外，强大的沟通纽带为企业提供了获取隐性知识的途径，而这些隐性知识不容易表达，也不容易跨越多人而转移，通过紧密的联系和强大的沟通纽带所获得的第一手经验对于企业学习隐性知识至关重要。专业知识的交流和整合以及隐性知识的学习都有助于提升创新资源的整合能力。因此，网络关系使企业可以高效获取内外部相关创新资源，企业通过整合能力把获取的创新资源转化为新技术和新产品，提高了研发效率，进而提高了技术的研发绩效和产业化绩效。

（三）组织变革能力的中介效应分析

网络关系包含的关系选择、关系维护和关系利用能显著影响组织适应环境的变革能力，适应环境的变革能力越强，相应的技术创新绩效越高。

企业选择研发实力强劲、信用较好、战略和文化兼容、资源和技术互补、数量大、类型丰富的技术伙伴能帮助企业取得有效创新资源，实现内外部资源的必要转换，利于变革创新资源的基础、流程与惯例，适应环境变化。从选择的网络关系中获取的信息知识鼓励企业为适应环境变化对组织变革持积极态度，提升了适应环境的组织变革能力。网络关系维护质量越高，在合作中伙伴对研发经费、专用资产、技术和人才的投入越多，企业从网络中获取的环境信息和技术知识等创新资源越多，越能提升环境洞察力，越能及时整合创新资源，利于克服管理者认知偏见、组织惯性和路径依赖，减少现有决策规则和业务流程障碍，进行激进式或高质量渐进式组织变革以快速准确响应环境（张秀娥等，2012；董保宝，2012；李刚等，2014）。由于资源是组织生存的基础，组织利用网络关系能频繁访问网络资源，增加了适应环境和生存的可能性（Uzzi，1996）。网络关系有助于减少伙伴对控制之外的资源的依赖，并成功在动态市场通过组织变革重新定位自己（Caglio & Ditillo，2009）。利用网络关系学习的隐性知识的积累、表达和编码利于提升环境洞察能力与变革更新能力（Zollo & Winter，2002）。当环境需要组织开发新技术、新产品和开拓新市场时，网络关系利用为企业提供了与技术伙伴的共同设计和共同制造，使企业适时组建灵活工作团队，变革不合时宜的组织流程，调整组织结构和再造业务流程，建立与新技术和市场需求相适应的商业模式。总之，网络关系能极大促进适应环境的组织变革能力的发展，拥有变革能力的企业能根据新技术和新产品特点变革旧的决策规则，选择合适的战略和产业化模式，对组织各部门适时授权以推动变革顺利进行。企业也可通过整合各类创新资源对环境进行响应性改变，形成适应环境要求的创新资源配置模式，提升创新资源利用效率，从而提升技术创新绩效。

基于以上分析，提出以下假设。

假设 H4.1：技术机会感知能力在网络关系选择与技术创新绩效之间具有中介效应。

假设 H4.2：技术机会感知能力在网络关系维度与技术创新绩效之间具有中介效应。

假设 H4.3：技术机会感知能力在网络关系利用与技术创新绩效之间具有中介效应。

假设 H4.4：创新资源整合能力在网络关系选择与技术创新绩效之间具有中介效应。

假设 H4.5：创新资源整合能力在网络关系维护与技术创新绩效之间具有中介效应。

假设 H4.6：创新资源整合能力在网络关系利用与技术创新绩效之间具有中介效应。

假设 H4.7：组织变革能力在网络关系选择与技术创新绩效之间具有中介效应。

假设 H4.8：组织变革能力在网络关系维护与技术创新绩效之间具有中介效应。

假设 H4.9：组织变革能力在网络关系利用与技术创新绩效之间具有中介效应。

五、组织创新氛围的调节效应分析

组织创新氛围是员工对组织环境是否支持创新的心理知觉（Amabile et al. ，1996）。支持观念的多样性氛围、创新的价值导向和对创新风险的高容忍提升了企业的动态能力（Alamsyah

& Yerki，2015）。组织创新氛围影响员工参与、组织士气、客户响应、组织内外的沟通与协作、组织对变革的开放度，进而影响企业网络关系资源在技术机会感知、创新资源整合、适应环境的组织变革等方面的价值实现。

（一）组织创新氛围在网络关系与技术机会感知能力之间的调节效应分析

对机会的感知和捕获是企业通过能力重构和产品创新满足不断出现的新需求来预测变化而不是等待变化，是在新趋势出现之前降低威胁（Nedergaard & Griffith，2011）。技术机会的评估和捕获跟随技术机会的感知，机会捕获需要作出战略性商业决策，从而利用技术机会和分散技术威胁（Ambrosini et al.，2009）。浓郁的组织创新氛围启发企业正确分析和评估已经出现和可能出现的技术和市场趋势，提升企业对环境信息的分析能力和感知、识别、过滤机会的能力。归属感是组织创新氛围的要素（Bock et al.，2005），在归属感强的氛围中成员之间的非正式交流能促进各种知识的共享，促进员工对技术和市场信息的快速响应和敏感监控，从而利于技术机会的感知和识别。创新型文化也是组织创新氛围的要素，而市场导向及其响应性和前瞻性维度是创新型组织文化的基石（Sainio et al.，2012）。响应性市场导向使企业对客户需求高度敏感并对这些需求作出合适反应；前瞻性市场导向注重预测和满足顾客的潜在需求，二者都强调聚焦客户（Lforest，2008），聚焦客户使企业了解现有和潜在客户并传递产品价值。无疑，以市场为导向的创新型组织文化能提升企业技术和市场机会的感知能力（Yannopoulos et al., 2012)。因此，相较于稀薄的组织创新氛围，网络关系资源雄厚的企业在浓郁的组织创新氛围下相对于竞争对手进行技术机会的感知、识别和捕获的优势更为明显。

（二）组织创新氛围在网络关系与创新资源整合能力之间的调节效应分析

组织创新氛围可以在知识的产生、传播和应用方面促进组织学习，在组织知识整合和知识管理中起着积极作用。其中，凝聚力、创新性和自主性影响企业的动态学习能力（Lee & Chen，2019）。首先，凝聚力氛围对知识交流和知识整合有积极影响。牢固的网络联系提供给员工无法单独获得的专业知识，可以在员工之间建立强有力的沟通，促进了从他人那里获取有价值的知识，通过员工的相互学习知识共享促进知识的转移、整合和创造（Hammami et al.，2013）。其次，创新性氛围通过社会互动促进了知识的交换、转移、再工程和应用，提高了新知识的获取能力与现有知识的整合能力（Lee et al.，2017）。最后，自主性氛围反映了员工对授权、自我导向或自我管理的感知程度，促进员工的自我管理，激活了员工学习过程，强调企业集体获取、整合、创造和共享知识的重要性，通过知识的创造和共享解决流程创新中的问题，对知识资源整合有积极影响（Janz & Prasarnphanich，2003）。而宽容和接受差异的组织氛围强调对失败的容忍，组织成员减少了对失败的担忧，更有可能进行知识的共享和整合，例如达恩（Daan，2017）发现，组织创新氛围对信息精细化具有正向影响。归属感中的亲密关系和互助精神促进专有技术知识的共享，组织支持影响知识给予和知识接受，开放的、乐意分享的价值观将强化知识分享（Ibrahim et al.，2018）。这些均对加强创新资源的整合至关重要。因此，组织创新氛围越浓郁，网络关系对企业整合内外部创新资源的能力的影响越大。

（三）组织创新氛围在网络关系与组织变革能力之间的调节效应分析

组织创新氛围包含愿意挑战、渴望自由、想法支持、信任开放、充满活力、活泼幽默、允许争论、感情融洽、不确定性容忍、无时间压力等维度（Ekvall，1996）。其内容涵盖管理层支持创新想法、对创新失败的高容忍度、创新在组织愿景中得到很好体现、支持观点的多样性等（Amit & Narain，2019），这些信念、态度和实践影响组织结构、业务流程、工作方法、组织系统，促进了企业所需的组织变革。因此，组织创新氛围是组织变革的应有之义（Majid et al.，2013；Judge & Douglas，2009）。创新氛围浓郁的组织更能容忍失败，鼓励通过沟通提出新想法，这样可能产生应对市场变化的新方法或重组业务流程。创新氛围赋予员工独立思考，创造新的工作语言，并通过创造性方式重塑其认知、动机、情感和智力，为组织变革提供资源支持。拥有冒险性和自主性的企业倾向于野心勃勃地摆脱路径依赖和实施流程变革以适应动荡的商业环境（Tsai，2015），它们愿意拆除旧产品，整合和调动新资源，将研发成果转化为全新产品，并最终实现组织彻底创新（Bucherer et al.，2012）。公平氛围提供安全感，鼓励员工分享知识和技能，在技术创新中有经验的员工愿意指导新员工，有了更多技术人员，适应环境的组织变革可得到持续改善。支持氛围刺激员工自由思考，以创新的工作方法分配挑战性的工作，这些创新方法促进了组织变革。另外，没有浓郁的组织创新氛围，蒂斯（Teece，2007）的感知、捕获和重构三步动态能力构建框架难以达到期望结果。缺乏创新氛围限制了企业为应对环境新变化所需的新想法的产生和创新资源的重构（Okanga & Groenewald，2017），限制了整合企业各种职能和创新资源实现组织变革和业务转型。因此，没有浓郁的组织创新氛围，适应环境的组织变革无法实现。所以，相对于稀薄的组织创新氛围，企业网络关系在组织创新氛围浓郁时对组织变革的价值更为明显。

基于以上分析，提出以下假设。

假设 H5.1：组织创新氛围正向调节网络关系选择对技术机会感知能力的影响。

假设 H5.2：组织创新氛围正向调节网络关系维护对技术机会感知能力的影响。

假设 H5.3：组织创新氛围正向调节网络关系利用对技术机会感知能力的影响。

假设 H5.4：组织创新氛围正向调节网络关系选择对创新资源整合能力的影响。

假设 H5.5：组织创新氛围正向调节网络关系维护对创新资源整合能力的影响。

假设 H5.6：组织创新氛围正向调节网络关系利用对创新资源整合能力的影响。

假设 H5.7：组织创新氛围正向调节网络关系选择对组织变革能力的影响。

假设 H5.8：组织创新氛围正向调节网络关系维护对组织变革能力的影响。

假设 H5.9：组织创新氛围正向调节网络关系利用对组织变革能力的影响。

六、环境动态性的调节效应分析

（一）技术动态性在技术创新动态能力与技术创新绩效之间的调节效应分析

技术动态性指产业技术变化的频率、幅度及预测难度，包括技术机会、新产品、新工艺的出现、现有产品的改进、技术法规的变化、技术标准的变化等。虽然动荡的环境不是动态能力的必要组成部分（Zahra et al.，2006），但其在动荡环境中更能发挥价值（Zollo & Winter，2002）。环境动态性不同，动态能力的价值不同。在环境相对平稳时，普通能力足以使企业维持生存和保持竞争优势，没有显著的技术进步，动态能力所需的维持成本十分突出。而在动荡环境中机会稍纵即逝，此时动态能力显得弥足重要。技术动态性调节新产品开发能力与竞争优势的关系（Paul & Omar，2017），因为它增强了重构新产品开发能力的相对优势，虽然削弱了有效利用现有能力所获得的优势（Teece et al.，1997）。动荡的技术环境增加了动态能力重构新产品开发能力的可能性。当机会出现时，动态能力为企业提供了新方向，动态能力是企业的战略选择（Kogut & Zander，1996）。环境动荡程度越高，这些选择越有价值。相反，稳定的环境鼓励企业有效利用现有职能性能（Leonard，1992）。由于新产品开发需要昂贵的、耗时的、往往不可逆转的资源积累，资源的不断重构会破坏现有资源的利用效率和价值潜力。因此，技术环境动荡降低了现有新产品开发能力的价值，但增强了动态能力的价值潜力。高环境动态性能降低组织惯性，使企业能在更广阔的创新空间中做出选择，企业持续学习，不断将已有技术和新发明进行整合。另外，在高技术动态下，企业需要强大的资源和能力重构，难以仅仅依靠自有知识维持竞争优势，获取更多外部创新资源的企业在动态技术环境能保持竞争优势（Teece et al.，1997）。因此，动态能力强的企业在技术有革命性改变时比低技术动态下相对于对手进行技术机会的感知、识别、捕获从而进行技术创新的竞争优势更为明显（Li & Liu，2014）。

另外，高技术动态环境使企业有更多的机会进行知识探索，应对环境动态性提高了企业审视外部环境变化和进行机会捕获的能力。在快速变化的技术动态环境中获得的经验对技术创新有更大的贡献（Luo & Peng，1999）。技术动态性使企业获取全新的知识、技术和信息；技术动态性逼迫企业产生建设性的冲突和多维观点，为企业整合组织内外部创新资源提供新的见解。创新资源整合能力强的企业在动荡的技术环境中更能促进技术创新的决策与实施，原因包括：技术动态性增强了资源利用中的协调柔性，提供了可供组织吸收和利用的内外部新技术、新知识和新信息，高效而灵活的创新资源利用使组织克服了对变革的焦虑，最终促进了技术创新。高技术动态下的组织变革能力促使企业打破现有组织惯性，增强了企业的战略柔性、资源柔性和流程柔性，利于组织消化、吸收和利用内外部新技术、新知识和新信息。相反，低技术动态性通常造成组织惰性，企业没有压力和动力主动实施变革，久而久之越来越抵制变革，抑制着技术创新的决策与实施。

（二）市场动态性在技术创新动态能力与技术创新绩效之间的调节效应分析

市场动态性指市场需求变化的速度和程度、行业竞争程度及预测难度，包括顾客偏好变化、新顾客不断涌现、顾客构成变化、顾客需求难以预测、竞争对手的战略和行为难以预测、行业机会增多、政府政策变化、原材料供应波动等。

动态能力的构建和使用成本很高，成本来自创造新资源、重构和整合现有资源等活动。持续的资源重构会打乱正在进行的组织活动，使企业无法认识到资源在不同条件下的价值差异而产生额外成本。在低市场动态环境中，企业不太需要变革，使用动态能力的迫切性不强，对资源变更需求的错误估计会带来其他成本（Winter，2003），维护动态能力导致的资源基础的频繁中断会降低组织结构的再生性和承担能力，此时企业投入大量资源开发的动态能力相对于对手的竞争优势并不明显。市场环境对组织变革的需求越低，企业进行变革的机会越少，动态能力的价值越低，动态能力频繁使用才能产生显著价值（Helfat & Winter，2011）。低市场动态环境由于很少有机会有效使用动态能力，其对竞争优势的价值相对没那么重要，此时更鼓励对现有资源的持续开发（Leonard & Barton，1992；Teece，2007），频繁的资源重构会破坏资源的效率和价值，调整资源基础的组织程序会降低动态能力的价值，特别是考虑相关成本时。而市场足够动态时动态能力能发挥较好作用。在高市场动态性下，优先获取资源的企业有更多机会，资源开发的重要性增加，整合资源为客户创造最佳价值的重要性得到加强，开放性捆绑和整合为客户创造新的价值的重要性得到了提升（Sirmon et al.，2007）。动态环境使企业当前的产品和服务过时，被淘汰威胁迫使企业引入与现有产品、服务和市场相分离的探索性技术创新。进行探索式技术创新的企业创造新产品以满足新市场的需求，它们瞄准高端细分市场和创造新的细分市场来创造技术商业化的机会。因此，高市场动态性利于改善或扩展当前的产品、服务和市场，追求探索性创新的企业迎合现有客户，建立客户忠诚度，增加广告投入，收取更高价格并夺取更多市场份额，提升了技术创新绩效（Zahra & Bogner，1999，Lumpkin & Dess 2001）。

另外，竞争优势在很大程度上建立在企业能模糊资源和能力之间的关系，这种因果模糊性在稳定市场中可能没那么明显，环境稳定还可能强化动态能力对技术创新的负面影响。动态能力的优势随市场动态性提高而增加，而动态能力的维持成本则随市场动态性提高而降低。市场环境变化越快，企业就越有可能依靠组织变革来重获竞争优势（Violina & Suresh，2001）。动态能力是企业"实现竞争优势的新的形式"的能力（Teece，1997），而结构分散和权力下放有助于发展动态能力。在高速环境下，新产品开发建立在有限的组织程序上（Brown & Eisenhardt，1997），流程是有意识的简单，虽然并非完全没有条理（Eisenhardt & Martin，2000）。简单的原则和有限的惯例使企业能进行自我组织以对变化作出快速反应。稳定环境中，企业使用普通能力确保运营的连续性，但不稳定环境削弱了普通能力的价值，企业很难依靠普通能力维持业务运营的连续性（Leonard & Barton，1992），此时需要动态能力。动态能力可以扩展、改变和创建普通能力以响应环境动态性，从而在更改企业惯例确保变革整体运作和作出新决策方面发挥根本作用（Winter，2003）。动态能力使企业能适应环境，与稳定环境相比，在动态环境中运营的企业可从动态能力中获得更大优势（Helfat et al.，2007）。此时，企业开发管理者招聘和开发流程以确保能识别和应对动荡的市场环境，企业不是随机选择管理者，而是有意识地选择、开发、激励和监督管理者（Jensen & Meckling，1976）。而且，在大多数情况下，环境动态性并不是处于极低或极高状态，企业将在可预测的环境动态水平上经营，这样企业就能有效利用动态能力。因此，市场环境动态性越高，动态能力的价值越大。

基于以上分析，提出以下假设。

假设 H6.1：技术动态性正向调节技术机会感知能力对技术创新绩效的影响。

假设 H6.2：技术动态性正向调节创新资源整合能力对技术创新绩效的影响。

假设 H6.3：技术动态性正向调节组织变革能力对技术创新绩效的影响。

假设 H6.4：市场动态性正向调节技术机会感知能力对技术创新绩效的影响。

假设 H6.5：市场动态性正向调节创新资源整合能力对技术创新绩效的影响。

假设 H6.6：市场动态性正向调节组织变革能力对技术创新绩效的影响。

第四章　量表开发

网络关系、组织创新氛围和环境动态性的测量，目前还没有公认的量表。为保证测量的可靠性，本书严格遵循陈晓萍等、罗胜强和姜嬿等学者提出的量表开发的一般程序，开发所需的量表①②。

第一节　初始量表的编制

一、题项的收集和整理

根据研究主题，初步确定主要变量的构念及其边界，通过演绎和归纳相结合的方法开发测量题项。首先，通过演绎法，广泛阅读构念相关文献，学习相关理论以及相似构念，初步搜集测量题项。其次，深度访谈战略管理领域相关专家，探讨网

---

①　陈晓萍，沈伟. 组织与管理研究的实证方法 ［M］（第三版）. 北京：北京大学出版社，2018：197 – 230.

②　罗胜强，姜嬿. 管理学问卷调查研究方法 ［M］. 重庆：重庆大学出版社，2014：161 – 166.

络关系、组织创新氛围、环境动态性的定义及应涵盖的测量题项，如表4-1所示。根据专家反馈，合并相似题项，删除语义重复题项，使测量题项与构念匹配以形成最初的测量题项；邀请20名合适企业的中高层管理者评价测量题项的清晰度、效度和完整性，当面或电话录音3 000多分钟，根据管理者的反馈确定最终的测量题项，如表4-2所示。

表4-1 量表题项的开发

构念	构念的定义	问卷题项的形成过程
网络关系	网络关系指关系主体为了从外部环境中获取创新资源等目的，在契约、信任、承诺、投入、沟通等基础上，通过伙伴选择、维护和利用等过程与其他组织之间建立的互惠稳定的正式或非正式联结。包括关系选择、关系维护和关系利用三个维度	阅读与整理相关文献，搜集到与网络关系相关的46道测量题项 选取和深度访谈4名战略管理领域的专家，探讨网络关系的定义及其测量题项，筛选出能准确和清晰反映该构念的题项；根据专家的反馈，合并相似的题项，删除内容重复的题项，使测量题项能准确清晰地与构念相匹配 将初步确定的测量题项发放给20名合适企业的高层管理者，通过管理者对测量题项清晰度、效度和完整性的评价和反馈，确定此构念的19道测量题项
组织创新氛围	组织创新氛围是组织成员对所处的工作环境是否支持创新的整体性心理感知，这种感知会影响成员的态度、信念、动机、价值观和创造力，进而影响组织创新。它是影响员工创新行为的组织特质，是组织吸引和鼓励成员做得更好的能力	阅读与整理相关文献，搜集到与组织创新氛围相关的21道测量题项 选取和深度访谈4名战略管理领域的专家，探讨组织创新氛围的定义及其测量题项，筛选出能准确和清晰反映该构念的题项。根据专家的反馈，合并相似的题项，删除内容重复的题项，使测量题项能准确清晰地与构念相匹配 将初步确定的测量题项发放给20名合适企业的中层管理者和核心技术人员，通过管理者和员工对测量题目的清晰度、效度和完整性的反馈和评价，确定此构念的7道测量题项

续表

构念	构念的定义	问卷题项的形成过程
环境动态性	企业经营环境中技术、市场和竞争等因素波动的频率、幅度及难以预测性，既包括发展过程的波动性，也包括发展结果的难以预测性。包括技术动态性和市场动态性两个维度	阅读与整理相关文献，搜集到与环境动态性相关的20道测量题项 选取和深度访谈4名战略管理领域的专家，探讨环境动态性的定义及其测量题项，筛选出能准确和清晰反映该构念的题项；根据专家的反馈，合并相似的题项，删除内容重复的题项，使测量题项能准确清晰地与概念相匹配 将初步确定的测量题项发放给20名企业中的高层管理者，通过管理者对测量题目的清晰度、效度和完整性的反馈和评价，确定此构念的9道测量题项

表4-2　　　　　　　　　　初始问卷题项

构念	构念的维度	题项	题项来源
网络关系	网络关系选择	本企业主要技术伙伴的研发人员、新产品、新技术的数量和质量等研发实力较强 本企业的主要技术伙伴能准时履行合同义务，在行业中和社会上有良好的口碑和信用 本企业技术伙伴的数量较大，类型多样 本企业和主要技术伙伴目标同时实现可能性较大，双方目标互利性较强 本企业主要技术伙伴的技术创新会对本企业的产品和技术加以改进 本企业与主要技术伙伴的资源和技术差异性大且互补性强，技术伙伴的专长与本企业的业务需求较匹配	Brouthers et al. (1995)；Geringer (1988)；Hitt et al. (2004)；Chung et al. （2000）；Wann et al. (2009)
	网络关系维护	本企业和主要技术伙伴双方均相信对方有能力履行合同约定的义务 本企业和主要技术伙伴都会按照合同约定履行各自义务，不会利用对方的弱点获取不当利益 本企业和主要技术伙伴在合作中双方都投入了大量的研发经费、专用资产、技术和人才等	Coleman （1990）；Mu，Peng & Love (2008)；Ken (2009)；Granovette (1973)；包凤耐 (2014)

构念	构念的维度	题项	题项来源
网络关系	网络关系维护	当冲突发生时本企业和主要技术伙伴双方高管参与冲突解决，双方都致力于合作关系的改善 本企业和主要技术伙伴经常进行各种正式和非正式交流，双方能准确传递和理解信息，沟通有效 本企业和主要技术伙伴彼此很熟悉，关系密切	
	网络关系利用	本企业与主要技术伙伴能根据合作目标共同制定创新合作计划和方案 本企业与主要技术伙伴共同执行创新合作计划，共同承担合作过程中的责任和风险 本企业与主要技术伙伴双方会主动探讨技术合作中相关问题，共同解决合作中的不良问题 本企业和主要技术伙伴双方会对共同进行创新活动需要的技术进行专门的研究和开发 本企业与主要合作伙伴经常共享产品设计、技术流程工艺、技术质量控制、技术难题突破等信息资料 本企业与主要合作伙伴经常共享对市场和客户需求的理解和判断 本企业与主要合作伙伴经常共享技术合作协议范围以外对方所需的信息资料，相互提醒可能存在的问题和变化	Sherwood & Covin（2008）；Lee（2001）；徐梦丹（2018）；Aarikka & Jaakkola（2012）；张婧和何勇（2014）
组织创新氛围	组织创新氛围	本企业的绩效评估体系中明确标识有与创新相关的指标，对员工的创新成果能给予公正合理的绩效评价 本企业对员工技术创新给予的奖金等物质激励、提拔等晋升激励、荣誉等精神激励等制度有良好的激励作用 本企业员工可以通过正常程序获取创新需要的信息和知识资源以及资金、设备、时间、空间等物质资源	Amabile et al.（1996）；Chen & Hu（2008）；Shao（2002）

续表

构念	构念的维度	题项	题项来源
组织创新氛围	组织创新氛围	本企业容忍创新的模糊性和不确定性，宽容创新未达到预期效果及失败带来的损失 本企业上级允许、尊重甚至鼓励下属表达新观点，支持下属实现工作上的创意 本企业的组织结构鼓励员工自由开放合作，员工完成创新工作不需经过诸多繁文缛节 本企业接受多元的个人风格和不同的工作方法，员工在执行创新项目时有一定自由度	
环境动态性	技术动态性	本企业所在主导产业中企业技术更新换代很快 本企业所在主导产业的技术标准经常发生变化 未来几年，本企业所在主导产业的技术变革很难预测 本企业所在主导产业的技术变革激发并实现大量新产品创意	Miller & Friesen（1983）；Schilke（2014）；Jansen et al.（2006）；Gaur et al.（2011）；Dwyer & Welsh（1985）；Sirmon et al.（2007）；
	市场动态性	本企业所在行业客户需求偏好经常发生变化 本企业所在行业产品（服务）更新很快 未来几年本企业所在行业竞争对手的行为难以预测 本企业所在行业竞争十分激烈 本企业所在行业面临政策、经济、文化等宏观环境变化产生的压力	

二、内容效度的评价

研究将邀请 20 名合适企业的中高层管理者和核心技术人员对构念测量题项的内容效度进行评价。评价基于以下三个方面：第一，检查测量题项是否具有代表性，能否恰当反映构念的内容。第二，检查测量题项能否覆盖研究对象的理论边界，以及与构念定义的匹配程度。第三，检查测量题项在构念各成分的分配比例是否合理，能否反映构念中各成分的重要性。经过评价，三个构念的题项通过了内容效度评价，各题项的内容具有较高的效度。

第二节　预调研和量表检验

一、预调研

　　问卷包括两部分：第一部分是基本信息，包括企业的名称、产权、行业、年龄和规模等，以及受访者的性别、职位、学历和工作年限等。第二部分是受访者对所在企业在网络关系、组织创新氛围和环境动态性测量题项上的打分。问卷采用 Likert 七级量表，数字 1~7 代表题项描述与受访者所在企业实际情况相符程度，数字越大，相符程度越高。

　　在正式调查之前进行预调研。预调研问卷的发放和回收主要通过两种方式：一是直接到企业现场发放纸质问卷或通过电子邮件发放和收集问卷。对象主要是通过个人关系筛选出技术密集型企业的中高层管理者和核心技术人员，这些个人关系是个人的同学、老乡或朋友等。二是委托第一种方式筛选出的合适人员，让他们向其所在企业的价值链上下游、技术伙伴、同行等合适企业的中高层管理者和核心技术人员发放问卷。样本具有代表性，符合研究需要。填答者对所在企业与问卷相关的情况较为清楚，能更加准确地对调研内容作出判断和反馈，保证问卷数据的客观性和准确性。共发放 210 份问卷，回收 171 份（回收率为 88.14%），有效问卷为 142 份。

　　为保证正式调研问卷具有良好的信度和效度，本书使用预调研问卷收集数据，使用 SPSS24.0 软件，通过信度和探索性因子分析优化测量题项，对相关变量的结构维度进行检验。

二、量表的信度检验

信度分析可以从稳定度与一致性方向进行。本书采用 Cronbach's α 系数对量表信度的一致性进行检验。Cronbach's α 值的大小表明问卷一致性的程度，α 的系数通常处于 0~1 之间，系数越大，表明问卷信度越高。通常，α≥0.7 说明问卷信度较高，α>0.6 为可接受。通过 SPSS24.0 可靠性分析，问卷各变量的信度值见表 4-3，各变量信度值均大于 0.6，题项信度较高。

表 4-3　　　　　初始量表和信度检验分析结果

变量	维度	题项号	测量题项	CITC	各维度的Cronbach's α
网络关系	网络关系选择	V1	本企业主要技术伙伴的研发人员、新产品、新技术的数量和质量等研发实力较强	0.676	0.826
		V2	本企业的主要技术伙伴能准时履行合同义务，在行业中和社会上有良好的口碑和信用	0.657	
		V3	本企业技术伙伴的数量较大，类型多样	0.297	
		V4	本企业和主要技术伙伴目标同时实现可能性较大，双方目标互利性较强	0.721	
		V5	本企业主要技术伙伴的技术创新会对本企业的产品和技术加以改进	0.708	
		V6	本企业与主要技术伙伴的资源和技术差异性大且互补性强，技术伙伴的专长与本企业的业务需求较匹配	0.622	

续表

变量	维度	题项号	测量题项	CITC	各维度的Cronbach's α
网络关系	网络关系维护	V7	本企业和主要技术伙伴双方均相信对方有能力履行合同约定的义务	0.791	0.865
		V8	本企业和主要技术伙伴都会按照合同约定履行各自义务，不会利用对方的弱点获取不当利益	0.789	
		V9	本企业和主要技术伙伴在合作中双方都投入了大量的研发经费、专用资产、技术和人才等	0.685	
		V10	当冲突发生时本企业和主要技术伙伴双方高管参与冲突解决，双方都致力于合作关系的改善	0.698	
		V11	本企业和主要技术伙伴经常进行各种正式和非正式交流，双方能准确传递和理解信息，沟通有效	0.741	
		V12	本企业和主要技术伙伴彼此很熟悉，关系密切	0.285	
	网络关系利用	V13	本企业与主要技术伙伴能根据合作目标共同制定创新合作计划和方案	0.658	0.875
		V14	本企业与主要技术伙伴共同执行创新合作计划，共同承担合作过程中的责任和风险	0.626	
		V15	本企业与主要技术伙伴双方会主动探讨技术合作中相关问题，共同解决合作中的不良问题	0.683	
		V16	本企业和主要技术伙伴双方会对共同进行创新活动需要的技术进行专门的研究和开发	0.665	
		V17	本企业与主要合作伙伴经常共享产品设计、技术流程工艺、技术质量控制、技术难题突破等信息资料	0.706	

续表

变量	维度	题项号	测量题项	CITC	各维度的Cronbach's α
网络关系	网络关系利用	V18	本企业与主要合作伙伴经常共享对市场和客户需求的理解和判断	0.712	
		V19	本企业与主要合作伙伴经常共享技术合作协议范围以外对方所需的信息资料，相互提醒可能存在的问题和变化	0.244	
组织创新氛围	组织创新氛围	V20	本企业的绩效评估体系中明确标识有与创新相关的指标，对员工的创新成果能给予公正合理的绩效评价	0.678	0.914
		V21	本企业对员工技术创新给予的奖金等物质激励、提拔等晋升激励、荣誉等精神激励等制度有良好的激励作用	0.787	
		V22	本企业员工可以通过正常程序获取创新需要的信息和知识资源以及资金、设备、时间、空间等物质资源	0.819	
		V23	本企业容忍创新的模糊性和不确定性，宽容创新未达到预期效果及失败带来的损失	0.759	
		V24	本企业上级允许、尊重甚至鼓励下属表达新观点，支持下属实现工作上的创意	0.682	
		V25	本企业的组织结构鼓励员工自由开放合作，员工完成创新工作不需经过诸多繁文缛节	0.706	
		V26	本企业接受多元的个人风格和不同的工作方法，员工在执行创新项目时有一定自由度	0.725	

变量	维度	题项号	测量题项	CITC	各维度的 Cronbach's α
环境动态性	技术动态性	V27	本企业所在主导产业中企业技术更新换代很快	0.794	0.796
		V28	本企业所在主导产业的技术标准经常发生变化	0.275	
		V29	未来几年，本企业所在主导产业的技术变革很难预测	0.746	
		V30	本企业所在主导产业的技术变革激发并实现大量新产品创意	0.789	
	市场动态性	V31	本企业所在行业客户需求偏好经常发生变化	0.688	0.814
		V32	本企业所在行业产品（服务）更新很快	0.565	
		V33	未来几年，本企业所在行业竞争对手的行为难以预测	0.248	
		V34	本企业所在行业竞争十分激烈	0.705	
		V35	本企业所在行业面临政策、经济、文化等宏观环境变化产生的压力	0.701	

为确保测量题项能反映所在构念，利用校正的总相关系数（CITC）净化题项。如果某个题项的 CITC 小于 0.4 且删除该题项能显著提高构念的 Cronbach's α 值，则删除该题项，各题项的 CITC 值如表 4 - 3 所示。

对照表 4 - 3，各变量的 Cronbach's α 系数都大于 0.7，进一步对各变量中题项的 CITC 小于 0.4 的题项进行删除，以净化问卷题项，提高问卷信度水平。在网络关系部分，第一个因子的 6 个测量题项反映网络关系选择构面，第三个测量指标（V3）是"本企业技术伙伴的数量较大，类型多样"。第二个因子的 6 个测量题项反映网络关系维护构面，第六个测量指标（V12）是"本企业和主要技术伙伴彼此很熟悉，关系密切"。第三个因子的 7 个测量题项反映网络关系利用构面，第七个测量指标（V19）是"本企业与主要合作伙伴经常共享技术合作协议范围以外对方所需的信息资料，相互提醒可能存在的问题和变化"。在环境动态性测量部分，第一个因子的 4 个测量题项反映技术动态性构面，第三个测量指标（V28）是"本企业所在主导产业的技术标准经常发生变化"。第二个因子的 5 个测量题项反映市场动态性构面，第四个测量指标（V33）是"未来几年，本企业所在行业竞争对手的行为难以预测"。上述 5 个题项的 CITC小于 0.4，将其删除。对剩余的 30 个题项再次进行信度分析和因子分析，结果如表 4 - 4 所示。

表 4 - 4　　　初始量表和信度检验分析结果（测量题项净化后）

变量	维度	题项号	测量题项	CITC	各维度的 Cronbach's α
网络关系	网络关系选择	V1	本企业主要技术伙伴的研发人员、新产品、新技术的数量和质量等研发实力较强	0.698	0.870
		V2	本企业的主要技术伙伴能准时履行合同义务，在行业中和社会上有良好的口碑和信用	0.646	
		V4	本企业和主要技术伙伴目标同时实现可能性较大，双方目标互利性较强	0.752	
		V5	本企业主要技术伙伴的技术创新会对本企业的产品和技术加以改进	0.737	
		V6	本企业与主要技术伙伴的资源和技术差异性大且互补性强，技术伙伴的专长与本企业的业务需求较匹配	0.640	

变量	维度	题项号	测量题项	CITC	各维度的 Cronbach's α
网络关系	网络关系维护	V7	本企业和主要技术伙伴双方均相信对方有能力履行合同约定的义务	0.822	0.894
		V8	本企业和主要技术伙伴都会按照合同约定履行各自义务，不会利用对方的弱点获取不当利益	0.814	
		V9	本企业和主要技术伙伴在合作中双方都投入了大量的研发经费、专用资产、技术和人才等	0.682	
		V10	当冲突发生时本企业和主要技术伙伴双方高管参与冲突解决，双方都致力于合作关系的改善	0.704	
		V11	本企业和主要技术伙伴经常进行各种正式和非正式交流，双方能准确传递和理解信息，沟通有效	0.775	
	网络关系利用	V13	本企业与主要技术伙伴能根据合作目标共同制定创新合作计划和方案	0.779	0.907
		V14	本企业与主要技术伙伴共同执行创新合作计划，共同承担合作过程中的责任和风险	0.746	
		V15	本企业与主要技术伙伴双方会主动探讨技术合作中相关问题，共同解决合作中的不良问题	0.809	
		V16	本企业和主要技术伙伴双方会对共同进行创新活动需要的技术进行专门的研究和开发	0.778	
		V17	本企业与主要合作伙伴经常共享产品设计、技术流程工艺、技术质量控制、技术难题突破等信息资料	0.810	
		V18	本企业与主要合作伙伴经常共享对市场和客户需求的理解和判断	0.828	

续表

变量	维度	题项号	测量题项	CITC	各维度的 Cronbach's α
组织创新氛围	组织创新氛围	V20	本企业的绩效评估体系中明确标识有与创新相关的指标，对员工的创新成果能给予公正合理的绩效评价	0.678	0.914
		V21	本企业对员工技术创新给予的奖金等物质激励、提拔等晋升激励、荣誉等精神激励等制度有良好的激励作用	0.787	
		V22	本企业员工可以通过正常程序获取创新需要的信息和知识资源以及资金、设备、时间、空间等物质资源	0.819	
		V23	本企业容忍创新的模糊性和不确定性，宽容创新未达到预期效果及失败带来的损失	0.759	
		V24	本企业上级允许、尊重甚至鼓励下属表达新观点，支持下属实现工作上的创意	0.682	
		V25	本企业的组织结构鼓励员工自由开放合作，员工完成创新工作不需经过诸多繁文缛节	0.706	
		V26	本企业接受多元的个人风格和不同的工作方法，员工在执行创新项目时有一定自由度	0.725	
环境动态性	技术动态性	V27	本企业所在主导产业中企业技术更新换代很快	0.826	0.893
		V29	未来几年，本企业所在主导产业的技术变革很难预测	0.753	
		V30	本企业所在主导产业的技术变革激发大量新产品创意	0.794	

变量	维度	题项号	测量题项	CITC	各维度的 Cronbach's α
环境动态性	市场动态性	V31	本企业所在行业客户需求偏好经常发生变化	0.707	0.840
		V32	本企业所在行业产品（服务）更新很快	0.609	
		V34	本企业所在行业竞争十分激烈	0.725	
		V35	本企业所在行业面临政策、法律、经济等宏观环境变化产生的压力	0.712	

三、量表的效度检验

量表的效度主要包括内容效度和结构效度。量表的内容效度在本章第一节已经阐述，下述内容是对量表的结构效度进行检验。

（一）变量的检验

在对变量进行因子检验之前，需首先对变量的 KMO 值、Bartlett 球形检验值、特征根、因子载荷以及累积方差贡献率等指标进行检验，以判断变量是否适合于因子分析。通常情况下，当 KMO 值大于 0.8、Bartlett 球形检验值呈显著性、特征根大于 1、因子载荷大于 0.6、累积方差贡献率大于 60% 的情况下，表明变量适合于做因子分析。样本数据的检测结果如表 4-5 所示，各指数均满足检测标准，适合做因子分析。

表 4 - 5　　　　　　　KMO 值和 Bartlett 球形检验结果

变量	KMO	Bartlett 球形检验	df	显著性水平
网络关系	0.870	1474.950	120	0.000
组织创新氛围	0.848	746.856	21	0.000
环境动态性	0.841	576.449	21	0.000

（二）探索性因子分析

通过探索性因子分析进一步检验问卷的科学性。通过探索性因子分析提炼观测变量的公因子，验证其与模型潜变量是否吻合。具体主要通过主成分分析法进行方差最大正交旋转，提取特征值大于 1 的因子作为各研究对象的公共因子，以检验问卷设计是否合理。

1. 网络关系因子分析

对网络关系测量题项的因子分析结果如表 4 - 6 所示，可以看出，共提取出 3 个公因子，它们的特征值分别是 8.817、2.605 和 1.594，累计可解释总方差为 81.349%。通过具有 Kaiser 标准化的正交旋转法正交，对其进行进一步的公共因子提炼，结果如表 4 - 7 所示。

表 4 - 6　　　　　　　网络关系非旋转因子分析结果

测量题项	因子		
	1	2	3
NRS1	0.782	- 0.159	- 0.442
NRS2	0.786	- 0.183	- 0.435
NRS3	0.816	- 0.215	- 0.395
NRS4	0.785	- 0.218	- 0.439
NRS5	0.773	- 0.108	- 0.437

测量题项	因子		
	1	2	3
NRM1	0. 722	0. 647	0. 054
NRM2	0. 718	0. 604	0. 078
NRM3	0. 733	0. 547	0. 096
NRM4	0. 685	0. 634	0. 113
NRM5	0. 730	0. 523	0. 093
NRE1	0. 789	− 0. 343	0. 231
NRE2	0. 759	− 0. 279	0. 364
NRE3	0. 778	− 0. 338	0. 317
NRE4	0. 629	− 0. 199	0. 320
NRE5	0. 729	− 0. 370	0. 369
NRE6	0. 633	− 0. 442	0. 325
特征值	8. 817	2. 605	1. 594
解释方差百分比（％）	55. 106	16. 283	9. 960
累积解释方差百分比（％）	55. 106	71. 389	81. 349

表 4 - 7　　　　　　旋转后网络关系因子载荷矩阵

测量题项	因子		
	1	2	3
NRS1	0. 232	0. 272	0. 839
NRS2	0. 215	0. 291	0. 843
NRS3	0. 212	0. 349	0. 837
NRS4	0. 186	0. 305	0. 853
NRS5	0. 270	0. 244	0. 817
NRM1	0. 936	0. 132	0. 220
NRM2	0. 903	0. 167	0. 210

续表

测量题项	因子		
	1	2	3
NRM3	0.866	0.216	0.220
NRM4	0.915	0.154	0.156
NRM5	0.845	0.224	0.226
NRE1	0.185	0.787	0.372
NRE2	0.242	0.820	0.236
NRE3	0.196	0.832	0.299
NRE4	0.230	0.675	0.173
NRE5	0.151	0.852	0.238
NRE6	0.033	0.804	0.233

如表 4 - 7 所示，在旋转后的因子载荷矩阵中，同提取 3 个因子。因子 1 在测量题项 NRM1、NRM2、NRM3、NRM4、NRM5 上的载荷分别是 0.936、0.903、0.866、0.915 和 0.845，均大于 0.6，说明网络关系维护的 5 个题项能较好地解释因子 1。

因子 2 在测量题项 NRE1、NRE2、NRE3、NRE4、NRE5、NRE6 上的载荷分别是 0.787、0.820、0.832、0.675、0.852、0.804，均大于 0.6，说明网络关系利用的 6 个题项能较好地解释因子 2。

因子 3 在测量题项上 NRS1、NRS2、NRS3、NRS4、NRS5 的载荷分别是 0.839、0.843、0.837、0.853、0.817，均大于 0.6，说明网络关系选择的 5 个题项能较好地解释因子 3。

2. 组织创新氛围因子分析

组织创新氛围测量题项的因子分析结果如表 4 - 8 所示，共提取 1 个公因子，特征根是 5.508，累计可解释方差为 78.682%。由于只抽取 1 个公因子，无法旋转此解。根据因子分析结果，该因子在各个题项上的载荷均大于 0.6，且方差解释能力强，收敛效度较高，说明组织创新氛围的 7 个测量题项对于组织创新氛围构念具有较好的解释力。

表 4 – 8　　　　　　组织创新氛围非旋转因子分析结果

测量题项	因子
	1
OIC1	0.890
OIC2	0.923
OIC3	0.928
OIC4	0.852
OIC5	0.891
OIC6	0.878
OIC7	0.844
特征值	4.625
解释方差百分比（％）	78.682
累积解释方差百分比（％）	78.682

3. 环境动态性因子分析

对环境动态性测量题项的因子分析结果如表 4 – 9 所示，可以看出，共提取出 2 个公因子，它们的特征值分别是 4.144 和 1.168，累计可解释总方差 75.898%。通过具有 Kaiser 标准化的正交旋转法正交，对其进行进一步的公共因子提炼，结果如表 4 – 10 所示。在旋转后的因子载荷矩阵中，共提取出 2 个公因子。因子 1 在测量题项 TD1、TD2、TD3 上的载荷分别是

0.859、0.863、0.896，均大于 0.6，说明技术动态性的 4 个题项能较好地解释因子 1。因子 2 在测量题项 MD1、MD2、MD3、MD4 上的载荷分别是 0.856、0.833、0.857、0.844，均大于 0.6，说明市场动态性的 3 个题项能较好地解释因子 2。

表 4 - 9　　　　　　　环境动态性非旋转因子分析结果

测量题项	因子	
	1	2
TD1	0.795	- 0.396
TD2	0.799	- 0.396
TD3	0.812	- 0.431
MD1	0.777	0.327
MD2	0.809	0.004
MD3	0.644	0.576
MD4	0.735	0.480
特征值	4.144	1.168
解释方差百分比（%）	59.206	16.691
累积解释方差百分比（%）	59.206	75.898

表 4 - 10　　　　　　旋转后环境动态性因子载荷矩阵

测量题项	因子	
	1	2
TD1	0.859	0.222
TD2	0.863	0.225
TD3	0.896	0.207
MD1	0.273	0.856
MD2	0.209	0.833
MD3	0.109	0.857
MD4	0.241	0.844

第三节　开发量表的形成

根据对样本数据进行的信度分析，对 CITC 值小于 0.4 的题项进行剔除，净化题项后，各维度的 Cronbach's α 都得到了显著提高，且各维度 Cronbach's α 系数均大于 0.7，各题项 CITC 值都大于 0.4。对根据信度分析结果进行调整后的问卷进行效度分析。按特征值大于 1 提取公因子，各变量累计方差贡献率均超过 60%。旋转后测量题项的因子载荷均大于 0.6，各维度的 Cronbach's α 值均大于 0.7，表明量表信度和效度较高。据此，本书开发的网络关系、组织创新氛围和环境动态性三个量表正式形成，如表 4 - 11 所示，其中网络关系量表由 16 个题项构成，组织创新氛围量表由 7 个题项构成，环境动态性量表由 7 个题项构成。

表 4 - 11　　　　　　　　　开发量表的正式形成

变量	维度	题项
网络关系	网络关系选择	本企业主要技术伙伴的研发人员、新产品、新技术的数量和质量等研发实力较强 本企业主要技术伙伴能准时履行合同义务，在行业中和社会上有良好的口碑和信用 本企业与主要技术伙伴目标同时实现可能性较大，双方目标互利性较强 本企业主要技术伙伴的技术创新有利于本企业产品和技术的改进 本企业与主要技术伙伴的资源和技术差异性大且互补性强，技术伙伴的专长与本企业的业务需求较匹配

续表

变量	维度	题项
网络关系	网络关系维护	本企业与主要技术伙伴双方均相信对方有能力履行合同约定的义务 本企业与主要技术伙伴双方均相信对方会按照合同约定履行各自义务，不会利用己方的弱点获取不当利益 本企业与主要技术伙伴在合作中都投入了大量研发经费、专用资产、技术和人才等 当冲突发生时，本企业与主要技术伙伴双方高管参与冲突解决，双方都致力于合作关系的改善 本企业与主要技术伙伴经常进行各种正式和非正式交流，双方能准确传递和理解信息，沟通有效
网络关系	网络关系利用	本企业与主要技术伙伴能根据合作目标共同制定创新合作计划和方案 本企业与主要技术伙伴共同执行创新合作计划，共同承担合作过程中的责任和风险 本企业与主要技术伙伴双方会主动探讨技术合作中相关问题，共同解决合作中的不良问题 本企业与主要技术伙伴双方会对共同创新需要的技术进行专门的研究和开发 本企业与主要技术伙伴经常共享产品设计、技术流程、技术质量控制、技术难题突破等信息资料 本企业与主要技术伙伴经常共享对市场和客户需求的理解和判断
组织创新氛围		本企业的绩效评估体系中明确标识有与创新相关的指标，对员工的创新成果能给予公正合理的绩效评价 本企业的奖金、晋升、荣誉等激励措施对员工技术创新有良好的激励作用 本企业员工可以通过正常程序获取创新所需的信息知识以及资金、设备、时间、空间等物质资源 本企业容忍创新的模糊性和不确定性，宽容创新未达到预期效果及失败带来的损失 本企业上级允许、尊重甚至鼓励下属表达自己的观点，支持下属实现工作创新 本企业的组织结构鼓励员工自由开放合作，员工完成创新工作不需经过诸多繁文缛节 本企业接受多元的个人风格和不同的工作方法，员工在执行创新项目时有一定自由度

变量	维度	题项
环境动态性	技术动态性	本企业所在主导产业中企业技术更新换代很快
		未来几年，本企业所在主导产业的技术变革难以预测
		本企业所在主导产业的技术变革激发并实现大量新产品创意
	市场动态性	本企业所在行业客户需求偏好经常变化
		本企业所在行业产品（服务）更新很快
		本企业所在行业竞争十分激烈
		本企业所在行业面临政策、经济、文化等宏观环境变化产生的压力

第五章　实证研究设计

第一节　变量的测量

一、因变量

企业技术创新绩效是因变量。国内外学者已开发了较为成熟的量表，本书选取使用最广的指标，用 4 个题项对其进行测量：（1）与同行业其他企业相比，本企业开发的新产品数量较多；（2）与同行业其他企业相比，本企业开发的新技术数量较多；（3）与同行业其他企业相比，本企业新产品的销售额占销售总额的比重较大；（4）与同行业其他企业相比，本企业推出新产品的速度较快。

二、自变量

网络关系是自变量。本书将网络关系划分为网络关系选择、网络关系维护、网络关系利用三个维度，采用第四章开发的量表。

（一）网络关系选择

本书从企业技术伙伴的研发能力、声誉、双方战略目标和文化的兼容性及合作性、双方技术和资源的互补性5个方面对企业从外部社会网络关系中选择技术伙伴的质量进行测量。企业技术伙伴的研发能力用1个题项测量：（1）本企业主要技术伙伴的研发人员、新产品、新技术的数量和质量等研发实力较强。企业技术伙伴的声誉用1个题项测量：（2）本企业主要技术伙伴能准时履行合同义务，在行业中和社会上有良好的口碑和信用。企业与技术伙伴双方战略目标和文化的兼容性及合作性用2个题项测量：（3）本企业与主要技术伙伴目标同时实现可能性较大，双方目标互利性较大；（4）本企业主要技术伙伴的技术创新有利于本企业产品和技术的改进。企业与技术伙伴双方技术和资源的互补性用1个题项测量：（5）本企业与主要技术伙伴的资源和技术差异性大且互补性强，技术伙伴的专长与本企业的业务需求较匹配。

（二）网络关系维护

本书从企业与技术伙伴之间的能力信任、意愿信任、双方对技术合作的承诺和投入、双方在合作过程中的冲突管理、双方关系强度和有效沟通5个方面对企业技术网络关系维护的质量进行测量。企业与技术伙伴之间的能力信任用1个题项测量：（1）本企业与主要技术伙伴双方均相信对方有能力履行合同约定的义务。企业与技术伙伴之间的意愿信任用1个题项测量：（2）本企业与主要技术伙伴双方均相信对方会按照合同约定履行各自义务，不会利用己方的弱点获取不当利益。企业与技术伙伴双方对技术合作的承诺和投入用 1 个题项测量：（3）本企业与主要技术伙伴在合作中都投入了大量研发经费、专用资产、技术和人才等。企业与技术伙伴在合作过程中的冲突管理用 1 个题项测量：（4）当冲突发生时，本企业与主要技术伙伴双方高管参与冲突解决，双方都致力于合作关系的改善。企业与技术伙伴的关系强度和有效沟通用 1 个题项测量：（5）本企业与主要技术伙伴经常进行各种正式和非正式交流，双方能准确传递和理解信息，沟通有效。

（三）网络关系利用

本书从企业与技术伙伴进行价值共创和知识共享两个方面对企业技术网络关系利用的质量进行测量。企业与技术伙伴进行价值共创的质量用 4 个题项进行测量：（1）本企业与主要技术伙伴能根据合作目标共同制定创新合作计划和方案。（2）本企业与主要技术伙伴共同执行创新合作计划，共同承担合作过程中的责任和风险。（3）本企业与主要技术伙伴双方会主动探讨技术合作中相关问题，共同解决合作中的不良问题。（4）本企业与主要技术伙伴双方会对共同创新需要的技术进行专门的研究和开发。企业与技术伙伴进行知识共享的质量用 2 个题项进行测量：（5）本企业与主要技术伙伴经常共享产品设计、技术流程、技术质量控制、技术难题突破等信息资料。（6）本企业与主要技术伙伴经常共享对市场和客户需求的理解和判断。

三、中介变量

技术创新动态能力为中介变量。国内外学者已开发了较为成熟的量表，本书选取使用最广的量表题项，从技术机会感知能力、创新资源整合能力、组织变革能力三个维度进行测量。

（一）技术机会感知能力

3 个测量题项：（1）本企业频繁考察和评估环境变化对顾客的影响；（2）本企业管理者和技术人员能较好地洞察技术变化；（3）本企业经常开展市场调研，及时了解顾客需求变化。

（二）创新资源整合能力

5 个测量题项：（1）本企业定期吸收新的信息、知识和技术，将个人能力整合为组织能力；（2）本企业有多种渠道吸收和利用外部技术知识；（3）本企业各部门员工都有适当途径参与组织创新；（4）本企业能适时获取和利用外部研发资金、样品制造等创新资源将创新成果产业化；（5）本企业经常和其他组织开展联合创新。

（三）组织变革能力

4 个测量题项：（1）本企业能根据新技术或新产品特点选择合适的战略和产业化模式；（2）本企业能根据新技术要求适时改变决策规则；（3）本企业能根据创新项目要求适时授予创新者较多决策权；（4）本企业能为创新成果产业化建立适宜的治理机制。

四、调节变量

组织创新氛围和环境动态性的测量采用第四章开发的量表。

（一）组织创新氛围

用 7 个题项进行测量：（1）本企业的绩效评估体系中明确

标识有与创新相关的指标，对员工的创新成果能给予公正合理的绩效评价；（2）本企业的奖金、晋升、荣誉等激励措施对员工技术创新有良好的激励作用；（3）本企业员工可以通过正常程序获取创新需要的信息和知识以及资金、设备、时间、空间等物质资源；（4）本企业容忍创新的模糊性和不确定性，宽容创新未达到预期效果及失败带来的损失；（5）本企业上级允许、尊重甚至鼓励下属表达自己的观点，支持下属实现工作创新；（6）本企业的组织结构鼓励员工自由开放合作，员工完成创新工作不需经过诸多繁文缛节；（7）本企业接受多元的个人风格和不同的工作方法，员工在执行创新项目时有一定自由度。

（二）环境动态性

技术动态性从技术变化的速度、程度和不可预测性方面用3个题项进行测量：（1）本企业所在主导产业中企业技术更新换代很快；（2）未来几年，本企业所在主导产业的技术变革难以预测；（3）本企业所在主导产业的技术变革激发大量新产品创意。对于市场动态性，本书用4个题项进行测量：（1）本企业所在行业客户需求偏好经常变化；（2）本企业所在行业产品（服务）更新很快；（3）本企业所在行业的竞争十分激烈；（4）本企业所在行业面临政策、法律、经济等宏观环境变化产生的压力。

五、控制变量

本书的控制变量包括企业成立年限、员工规模和近两年年均销售额。一般地，技术密集型企业成立年限与技术实力成正比，而技术实力对构建技术创新动态能力和改善技术创新绩效具有重要影响。企业规模不同会导致企业在创新资源的获取和利用、组织结构、运作流程等方面表现出较大差异性，这些对技术创新动态能力和技术创新绩效水平都有至关重要的影响。为了控制企业规模对本书主要变量之间关系的影响，借鉴汉森和希尔（Hansen & Hill，1991）等的做法，采用企业员工规模和近两年年均销售额等综合指标对企业规模进行评价。

第二节　问卷设计与数据收集

一、问卷设计

本书采取实证研究方法，通过问卷调查收集所需数据。基于相关变量的选择和度量，开发相关变量量表形成预调研问卷。在预调研问卷分析过程中，删除不合理选项从而形成正式问卷。问卷选用 Likert 七级量表，数字 1～7 代表被调研者认为题项描述与所在企业实际情况相符程度，数字越大相符程度越高。正式调查问卷包括四个部分，含 57 个测量题项，见附录。第一部分为问卷调查背景——该部分主要对调查目的的合理性进行说明，克服答题者的不信任，建立良好的沟通关系。第二部分为调研企业的基本信息和问卷填写人的个人信息——用以确认问卷是否具有代表性，以及帮助筛选有效问卷和获取样本描述性数据，包含题项 1～11。第三部分是问卷的主体部分——共 46 个题项，按需要测量的 5 个变量依次设计，包括网络关系、技

术创新动态能力、技术创新绩效、组织创新氛围和环境动态性 5
个变量，如表 5－1 所示。其中，题项 12～27 用于测量网络关
系；题项 28～39 用于技术创新动态能力；题项 40～43 用于测量
技术创新绩效；题项 44～50 用于测量组织创新氛围；题项 51～
57 用于测量环境动态性。要求被调查者根据所在企业实际情况
客观填答。

表 5－1　　　　　　　　变量及其测量指标

序号	变量名称	测量指标	题项数量
1	网络关系	网络关系选择 网络关系维护 网络关系利用	5 5 6
2	技术创新动态能力	技术机会感知能力 创新资源整合能力 组织变革能力	3 5 4
3	技术创新绩效	技术创新绩效	4
4	组织创新氛围	组织创新氛围	7
5	环境动态性	技术动态性 市场动态性	3 4

二、样本的选择

（一）样本的分布

本书主要通过实证分析探究研究变量间的关系，样本应是
技术密集型制造企业或软件开发类服务企业，因此本书以电子
电气、机械、医药、冶金、新材料、能源、化工、软件与通信、
交通运输设备及零配件制造、装备及零配件制造等行业的企业
作为调查对象，数据收集以企业为单位。为消除区域经济发展

差异所导致的系统偏差，调研对象包含我国东、中、西三个地区，问卷来源于三个地区不同省份的企业，保证了样本数据和研究结论的普适性。

（二）调研对象的选择

问卷涉及企业外部网络关系、技术创新动态能力、技术创新绩效、组织内部创新氛围、外部技术和市场环境等多方面的内容，为确保调研对象对所在企业这些方面情况的熟悉和了解，保证问卷填题的客观性和准确性，本书调研对象以在企业任职三年以上技术或营销方面的中高层管理者和核心技术人员为主。

（三）样本数量的确定

本书采用结构方程模型（SEM）的分析方法。由于样本量会对结构方程模型分析的稳定性和指数适用性产生影响，所以样本量需满足一定条件。根据学者们的观点，用结构方程模型进行数据分析，样本量最好保持在 150 个以上（Gerbing & Anderson，1998），测量题项与受访者比例应保证在 1：5 至 1：10，比例越大越好（Gorsuch，1997）。本书测量题项共有 46 个，据此标准，样本量应达到 230～460 个。另外，有学者提出过大样本会对最大似然估计造成影响，导致不能产生理想的指标，样本量控制在 400 个以内较好。综合考虑以上观点，为保证研究结果的可靠性，本书将样本量确定为 300～400 个。

三、数据的收集

（一）问卷的发放和回收

本书问卷的发放和回收不是简单在调查网站（如问卷星等）

上进行，而主要通过两种方式：第一种是直接方式。直接到企业现场发放纸质问卷或通过电子邮件发放和收集问卷。对象主要是通过个人关系筛选出技术密集型企业的中高层管理者和核心技术人员，这些个人关系是个人的同学、老乡或朋友等。第二种是间接方式。一是委托第一种方式筛选出的合适人员，让他们向其所在企业的价值链上下游、技术伙伴、同行等合适企业的中高层管理者和核心技术人员发放问卷；二是委托河南省等省的科技厅、统计局、工业和信息化厅相关工作人员发放与收集问卷。样本具有代表性，符合研究需要。填答者对所在企业与问卷相关的情况较为清楚，能更加准确对调研内容做出判断和反馈，保证问卷数据的客观性和准确性。

（二）数据收集结果

本次调研共发放问卷 550 份，回收 443 份。其中 85 份填写不完整，被剔除。另外，填写情况不符合要求诸如填写时间过短、答案雷同率过高或具有相当分布规律的问卷，作为无效问卷再次进行剔除。共剔除 39 份不满足条件的问卷，最终获得 319 份有效问卷。问卷回收率为 81%，有效率为 59%。问卷回收较理想，样本量满足数据分析方法对大样本数据的要求，结果如表 5－2 所示。

表 5－2　　企业网络关系对技术创新绩效的影响机理研究调查问卷统计

问卷情况	份数	占比	一般标准	是否达标
问卷总数	550	100%	≥200	达标
回收数量	443	81%	≥60%	达标
有效问卷	319	58%	≥50%	达标

第三节　数据分析方法

一、因子分析

因子分析是一种通过显变量测评潜变量、具体指标测评抽象因子的统计分析方法。因子分析以相关性为依据对变量进行分组。经过分组，同组内的变量间相关性较高，不同组变量间的相关性较低。通过因子分析，能实现对存在复杂关系问题中的少数主要因子进行提取，这些主要因子能表达原始变量间的依赖关系以及观测数据的基本结构。本书使用 SPSS24.0 和 AMOS22.0 对数据进行探索性和验证性因子分析。探索性因子分析是问卷数据分析的基础，通过降维能发现影响观测变量的因子个数和多元观测变量的本质结构。通常在没有先验信息的情况下，通过样本数据分析取得相应结果。验证性因子分析主要用来测度因子与相应测量题项的关系是否符合研究假设揭示的理论关系。

二、结构方程模型

结构方程模型被广泛用于管理研究，是基于变量的协方差矩阵对变量间的关系进行分析的统计方法。其优点在于：能妥善处理管理学中经常出现的无法准确或直接测量的潜变量，同时处理多个因变量，容许更大弹性的测量模型，包含测量误差的自变量和因变量，同时估计因子结构、因子关系和模型拟合度等。SEM 分析包含模型构建、模型拟合、模型评价和模型修正四个步骤。在运用 SEM 进行拟合度评估时，通常认为模型隐含的协方差矩阵和样本方差矩阵之间的"差距"越小越好，即较高的模型拟合度代表了更好的参数估计意义。目前 SEM 常用的拟合度评价指标及其范围和判断值如表 5-3 所示。

表5-3   SEM 常用的拟合指数

指标名称	范围	判断值
χ^2/df	—	$P < 2$
CFI	$0 \sim 1$	> 0.09
IFI	$0 \sim 1$	> 0.09
TLI	$0 \sim 1$	> 0.09
SRMR	$0 \sim 1$	< 0.05
RMSEA	$0 \sim 1$	< 0.05

三、层次回归分析

层次回归分析是研究者根据理论或实际需要将变量依次加入回归分析的方法。通常情况下，在研究中当解释变量和调节变量都是连续变量时，用层次回归分析进行调节效应检验[①]。在实际应用中，当调节变量为潜变量时，需先对变量做中心化或标准化处理再进行回归分析。

---

① 温忠麟，侯杰泰，张雷. 调节效应与中介效应的比较和应用 [J]. 心理学报，2005（2）：268-274.

第六章 数据分析与假设检验

本章使用 SPSS24.0 和 AMOS22.0 软件对概念模型和理论假设进行实证检验。首先对样本进行描述性统计分析，其次通过因子分析对数据进行信度效度检验，最后通过结构方程模型和层次回归分析对理论假设进行参数估计和假设检验，并根据实证结论展开相关讨论。

第一节 描述性统计分析

研究共发放 550 份问卷，319 份有效问卷来自全国 26 个省份的 319 家企业。问卷主要包括被调查者及所在企业的基本信息、各变量测量题项两部分，企业信息涵盖区域、产权、行业、成立年限、员工规模、销售额等项目，被调查者信息涵盖性别、职位、学历、工作年限等项目，如表 6 – 1 至表 6 – 10 所示。

一、被调查者及所在企业基本信息

（一）被调查企业所在地区

表 6 – 1　　　　被调查企业所在地区分布

企业所在省份	数量	百分比（％）	累积百分比（％）
安徽	15	4.7	4.7
北京	34	10.7	15.4
福建	10	3.1	18.5
广东	26	8.2	26.6
广西	3	0.9	27.6
贵州	4	1.3	28.8
河北	11	3.4	32.3
河南	35	11.0	43.3
黑龙江	2	0.6	43.9
湖北	29	9.1	53.0
湖南	5	1.6	54.5
吉林	3	0.9	55.5
江苏	17	5.3	60.8
江西	6	1.9	62.7
辽宁	10	3.1	65.8
内蒙古	4	1.3	67.1
青海	3	0.9	68.0
山东	13	4.1	72.1
陕西	15	4.7	76.8
上海	27	8.5	85.3
四川	11	3.4	88.7

续表

企业所在省份	数量	百分比（%）	累积百分比（%）
天津	14	4.4	93.1
新疆	2	0.6	93.7
云南	3	0.9	94.7
浙江	10	3.1	100.0
合计	319	100.0	

（二）被调查企业产权性质

表 6 - 2　　　　　　　被调查企业产权性质分布

企业产权性质	数量	百分比（%）	累积百分比（%）
国有	58	18.2	18.2
民营	208	65.2	83.4
三资—外资控股	27	8.5	91.8
三资—内资控股	17	5.3	97.2
集体	2	0.6	97.8
其他	7	2.2	100.0
合计	319	100.0	

（三）被调查企业所属行业

表 6 - 3　　　　　　　被调查企业所属行业分布

企业所属行业	数量	百分比（%）	累积百分比（%）
电子电气	54	16.9	16.9
机械	58	18.2	35.1
医药	22	6.9	42.0
冶金	15	4.7	46.7

续表

企业所属行业	数量	百分比（%）	累积百分比（%）
材料	21	6.6	53.3
能源	18	5.6	58.9
化工	19	6.0	64.9
软件与通信	50	15.7	80.6
交通运输设备及零配件制造	12	3.8	84.3
装备及零配件制造	13	4.1	88.4
其他	37	11.6	100.0
合计	319	100.0	

（四）被调查企业成立年限

表6-4　　　　　　　被调查企业成立年限分布

企业成立年限	数量	百分比（%）	累积百分比（%）
5年以下	41	12.9	12.9
5~10年	78	24.5	37.3
11~20年	93	29.2	66.5
21~30年	57	17.9	84.3
30年以上	50	15.7	100.0
合计	319	100.0	

（五）被调查企业员工规模

表6-5　　　　　　　被调查企业员工规模分布

企业员工规模	数量	百分比（%）	累积百分比（%）
50人以下	43	13.5	13.5
5~100人	52	16.3	29.8

续表

企业员工规模	数量	百分比（%）	累积百分比（%）
101～500 人	113	35.4	65.2
501～1 000 人	75	23.5	88.7
1 000 人以上	36	11.3	100.0
合计	319	100.0	

（六）被调查企业近两年年均销售额

表 6－6　　　　被调查企业近两年年均销售额分布

近两年年均销售额（元）	数量	百分比（%）	累积百分比（%）
<100 万	18	5.6	5.6
100 万～300 万	20	6.3	11.9
300 万～1 000 万	36	11.3	23.2
1 000 万～3 000 万	65	20.4	43.6
3 000 万～1 亿	60	18.8	62.4
1 亿～3 亿	50	15.7	78.1
3 亿～10 亿	35	11.0	89.0
10 亿～50 亿	19	6.0	95.0
50 亿～100 亿	12	3.8	98.7
100 亿以上	4	1.3	100.0
合计	319	100.0	

（七）被调查者性别

表 6－7　　　　　　被调查者性别分布

性别	数量	百分比（%）	累积百分比（%）
男	237	74.3	74.3
女	82	25.7	100.0
合计	319	100.0	

（八）被调查者在企业的职位

表 6 – 8　　　　　被调查者在企业的职位分布

被调查者在企业的职位	数量	百分比（%）	累积百分比（%）
董事长或总经理	28	8.8	8.8
技术副总经理	33	10.3	19.1
营销副总经理	26	8.2	27.3
技术部经理	62	19.4	46.7
销售部经理	29	9.1	55.8
核心技术人员	117	36.7	92.5
其他	24	7.5	100.0
合计	319	100.0	

（九）被调查者学历

表 6 – 9　　　　　被调查者学历分布

学历	数量	百分比（%）	累积百分比（%）
大专及以下	31	9.7	9.7
本科	151	47.3	57.1
硕士	115	36.1	93.1
博士	22	6.9	100.0
合计	319	100.0	

（十）被调查者在企业的工作年限

表 6 – 10　　　　　被调查者在企业工作年限分布

被调查者在企业的工作年限	数量	百分比（%）	累积百分比（%）
1 年以下	27	8.5	8.5
1～3 年	66	20.7	29.2

被调查者在企业的工作年限	数量	百分比（%）	累积百分比（%）
3~5 年	70	21.9	51.1
6~10 年	74	23.2	74.3
10 年以上	82	25.7	100.0
合计	319	100.0	

二、测量题项描述性统计分析

运用 SPSS24.0 进行的描述性统计分析包括各变量测量题项的最小值、最大值、均值、标准差、偏度和峰度，如表 6 - 11 所示。

表 6 - 11　　　　　　　　　测量题项描述性统计分析

题项	N	最小值	最大值	均值	标准差	偏度		峰度	
	统计量	统计量	统计量	统计量	统计量	统计量	标准误	统计量	标准误
NRS1	319	1.00	7.00	4.727	1.072	-1.228	0.137	1.613	0.272
NRS2	319	1.00	7.00	5.132	0.862	-0.938	0.137	0.689	0.272
NRS3	319	1.00	7.00	4.774	0.984	-0.990	0.137	1.557	0.272
NRS4	319	1.00	7.00	4.934	1.015	-1.157	0.137	1.512	0.272
NRS5	319	1.00	7.00	4.564	1.097	-0.928	0.137	1.398	0.272
NRM1	319	1.00	7.00	4.884	1.059	-1.213	0.137	2.383	0.272
NRM2	319	1.00	7.00	4.727	1.178	-1.130	0.137	1.108	0.272
NRM3	319	1.00	7.00	4.734	1.119	-0.949	0.137	0.732	0.272
NRM4	319	1.00	7.00	4.784	1.064	-1.229	0.137	2.281	0.272
NRM5	319	1.00	7.00	4.793	1.053	-0.994	0.137	0.938	0.272
NRE1	319	1.00	7.00	5.307	1.373	-0.765	0.137	0.138	0.272
NRE2	319	1.00	7.00	4.593	1.106	-0.951	0.137	1.071	0.272
NRE3	319	1.00	7.00	4.784	1.055	-1.126	0.137	1.850	0.272

题项	N	最小值	最大值	均值	标准差	偏度		峰度	
	统计量	统计量	统计量	统计量	统计量	统计量	标准误	统计量	标准误
NRE4	319	1.00	7.00	4.746	1.100	− 1.283	0.137	2.382	0.272
NRE5	319	1.00	7.00	4.285	1.352	− 0.814	0.137	0.360	0.272
NRE6	319	1.00	7.00	4.408	1.304	− 1.011	0.137	1.119	0.272
OPC1	319	1.00	7.00	4.492	1.305	− 1.029	0.137	0.735	0.272
OPC2	319	1.00	7.00	4.605	1.113	− 0.851	0.137	0.743	0.272
OPC3	319	1.00	7.00	4.564	1.264	− 1.014	0.137	0.914	0.272
RIC1	319	1.00	7.00	4.649	1.193	− 1.195	0.137	1.443	0.272
RIC2	319	1.00	7.00	4.765	1.104	− 1.176	0.137	1.968	0.272
RIC3	319	1.00	7.00	4.445	1.291	− 0.935	0.137	0.634	0.272
RIC4	319	1.00	7.00	4.398	1.284	− 0.982	0.137	0.986	0.272
RIC5	319	1.00	7.00	4.348	1.401	− 0.962	0.137	0.633	0.272
ORC1	319	1.00	7.00	4.705	1.122	− 1.255	0.137	2.143	0.272
ORC1	319	1.00	7.00	4.567	1.158	− 0.997	0.137	0.955	0.272
ORC2	319	1.00	7.00	4.451	1.278	− 1.221	0.137	1.789	0.272
ORC3	319	1.00	7.00	4.677	1.127	− 1.131	0.137	1.529	0.272
TIP1	319	1.00	7.00	4.138	1.447	− 0.794	0.137	0.064	0.272
TIP2	319	1.00	7.00	4.198	1.395	− 0.700	0.137	− 0.153	0.272
TIP3	319	1.00	7.00	4.176	1.434	− 0.736	0.137	− 0.072	0.272
TIP4	319	1.00	7.00	4.075	1.423	− 0.502	0.137	− 0.503	0.272
OIC1	319	1.00	7.00	4.552	1.209	− 1.352	0.137	2.486	0.272
OIC2	319	1.00	7.00	4.627	1.304	− 1.184	0.137	1.355	0.272
OIC3	319	1.00	7.00	4.514	1.202	− 1.093	0.137	1.491	0.272
OIC4	319	1.00	7.00	4.038	1.451	− 0.743	0.137	0.245	0.272
OIC5	319	1.00	7.00	4.586	1.253	− 1.109	0.137	1.081	0.272
OIC6	319	1.00	7.00	4.009	1.518	− 0.710	0.137	− 0.195	0.272
OIC7	319	1.00	7.00	4.122	1.438	− 0.732	0.137	− 0.018	0.272

题项	N	最小值	最大值	均值	标准差	偏度		峰度	
	统计量	统计量	统计量	统计量	统计量	统计量	标准误	统计量	标准误
TD1	319	1.00	7.00	4.320	1.676	-0.232	0.137	-1.021	0.272
TD2	319	1.00	7.00	4.796	1.456	-0.479	0.137	-0.497	0.272
TD3	319	1.00	7.00	4.376	1.659	-0.143	0.137	-1.041	0.272
MD1	319	1.00	7.00	4.414	1.702	-0.186	0.137	-1.033	0.272
MD2	319	1.00	7.00	4.915	1.547	-0.674	0.137	-0.410	0.272
MD3	319	1.00	7.00	5.035	1.599	-0.633	0.137	-0.469	0.272
MD4	319	1.00	7.00	4.661	1.627	-0.293	0.137	-0.861	0.272

由表 6 - 11 可以看出，样本数据均值介于 4.009 ~ 5.132，标准差介于 0.862 ~ 1.702，被调查者对于题项持较为积极的态度，回答波动幅度较小，数据分布具有较高合理性。

克兰（Kline，1998）指出，若数据的偏度系数绝对值小于3，峰度系数绝对值小于 8，则数据呈正态分布。本书 46 个观测变量偏度系数介于 -1.352 ~ -0.143，绝对值均小于 3，峰度系数介于 -1.041 ~ 2.486，绝对值均小于 8，且样本均值与中位数接近，由此可知，样本数据服从正态分布。

第二节　信度和效度检验

一、信度检验

（一）变量分类

本书的潜变量包括网络关系选择、网络关系维护、网络关系利用、技术机会感知能力、创新资源整合能力、组织变革能力、技术创新绩效、组织创新氛围、技术动态性、市场动态性10项。显变量包括46道观测题项。

（二）信度检验

信度指调查测量结果的一致性和稳定性，通常情况下Cronbach's α值是对研究变量进行信度评价常用的指标。为进一步对每个测量题项是否和所在的变量表达了同一概念以及某一测量题项是否具有较好的内在一致性进行检验，选取校正的总相关系数（CITC）作为判断指标。通过SPSS24.0计算出10个潜变量的Cronbach's α值和CITC值，如表6－12所示。

表6－12　　　　　　　　　信度检验

潜变量	显变量（符号）	校正的项总计相关性（CITC）	项已删除的Cronbach's α值	Cronbach's α系数
NRS（网络关系选择）	NRS1	0.780	0.870	0.880
	NRS2	0.802	0.866	
	NRS3	0.821	0.863	
	NRS4	0.806	0.865	
	NRS5	0.751	0.875	
NRM（网络关系维护）	NRM1	0.855	0.855	0.873
	NRM2	0.811	0.861	
	NRM3	0.791	0.865	
	NRM4	0.801	0.864	
	NRM5	0.762	0.870	
NRE（网络关系利用）	NRE1	0.808	0.885	0.903
	NRE2	0.804	0.886	

潜变量	显变量（符号）	校正的项总计相关性（CITC）	项已删除的Cronbach's α 值	Cronbach's α 系数
NRE （网络关系利用）	NRE3	0.822	0.884	0.903
	NRE4	0.716	0.898	
	NRE5	0.821	0.883	
	NRE6	0.718	0.897	
OPC （技术机会感知能力）	OPC1	0.784	0.869	0.896
	OPC2	0.802	0.853	
	OPC3	0.821	0.827	
RIC （创新资源整合能力）	RIC1	0.743	0.764	0.882
	RIC2	0.705	0.819	
	RIC3	0.776	0.747	
	RIC4	0.751	0.750	
	RIC5	0.767	0.742	
ORC （组织变革能力）	ORC1	0.845	0.877	0.914
	ORC1	0.842	0.877	
	ORC2	0.809	0.889	
	ORC3	0.732	0.915	
TIP （技术创新绩效）	TIP1	0.789	0.829	0.860
	TIP2	0.814	0.820	
	TIP3	0.743	0.845	
	TIP4	0.715	0.852	
OIC （组织创新氛围）	OIC1	0.788	0.899	0.905
	OIC2	0.842	0.894	
	OIC3	0.851	0.894	
	OIC4	0.760	0.901	

潜变量	显变量 （符号）	校正的项总计 相关性（CITC）	项已删除的 Cronbach's α 值	Cronbach's α 系数
OIC （组织创新氛围）	OIC5	0.814	0.897	0.905
	OIC6	0.780	0.899	
	OIC7	0.739	0.903	
TD （技术动态性）	TD1	0.799	0.869	0.897
	TD2	0.816	0.856	
	TD3	0.824	0.848	
MD （市场动态性）	MD1	0.791	0.854	0.875
	MD2	0.772	0.860	
	MD3	0.816	0.846	
	MD4	0.759	0.866	

由表 6-12 可知，各研究变量的 Cronbach's α 值均大于学术界普遍认可的高于 0.7 的标准，且各题项的校正的项总相关系数 CITC 值也都高于 0.4 的最低临界值，因此认为被研究变量具有较好的信度。

二、效度检验

效度分析用以检验量表的有效性，即测量题项反映事实的准确性和真实性。两者越吻合效度越高，反之，效度越低。由于本书量表题项的开发都是基于相关领域文献，且已对量表题项进行了专家访谈，根据反馈意见进行修订完善，因此其内容效度较高。而量表的结构效度主要采用因子分析进行检验，分别对数据进行探索性和验证性因子分析。

（一）探索性因子分析

探索性因子分析中，首先分析各变量的 KMO 值和 Bartlett 球形检验值，判断变量是否适合因子分析。然后通过数据的收敛效度和区别效度检验变量的效度。通过因子载荷和解释方差对其收敛效度进行检验；用旋转后的成分矩阵分析测量题项与变量的相关性，判断题项的区别效度，分析结果如下。

1. 网络关系变量因子分析

由表 6 – 13 可知，网络关系变量的 KMO = 0.915，符合 KMO 值大于 0.8 的要求，Bartlett 球形检验 P = 0.000，适合因子分析。

表 6 – 13　网络关系变量的 KMO 和 Bartlett 球形检验结果

取样足够度的 KMO 度量		0.915
Bartlett 球形检验	近似卡方	2 897.686
	Df	120
	Sig.	0.000

运用主成分分析法，采用 Kaiser 标准化最大方差法进行旋转，对变量进行进一步因子分析。首先对变量的收敛效度进行检验，因子载荷和解释方差等指标的分析结果如表 6 – 14 所示。由表 6 – 14 可知，网络关系选择、网络关系维护、网络关系利用每个变量提取 1 个公因子，特征根均大于 1。各测量题项的因子载荷均大于 0.6，变量收敛效度较高。运用旋转后的成分矩阵分析各测量题项与变量的相关性，判断问卷的区别效度。通过旋转后的成分矩阵看出，将因子载荷大于 0.6 的题项集结为一个成分，16 个网络关系因素可归为 3 个因子，认为其具有较好

的区分效度。3 个公因子的累计方差贡献率达到 75.015%，说明这 16 个题项对网络关系构念具有较高的解释力。

表 6-14　　　　旋转后的网络关系变量因子载荷

测量变量	测量题项	因子载荷	成分（Component）		
			因子 1	因子 2	因子 3
网络关系选择（NRS）	NRS1	0.680	0.241	0.176	0.778
	NRS2	0.681	0.210	0.185	0.800
	NRS3	0.711	0.198	0.259	0.788
	NRS4	0.677	0.176	0.206	0.804
	NRS5	0.668	0.269	0.155	0.755
网络关系维护（NRM）	NRM1	0.627	0.831	0.147	0.117
	NRM2	0.620	0.800	0.177	0.103
	NRM3	0.613	0.772	0.109	0.119
	NRM4	0.621	0.804	0.085	0.151
	NRM5	0.609	0.742	0.136	0.129
网络关系利用（NRM）	NRM1	0.696	0.210	0.786	0.262
	NRM2	0.669	0.268	0.812	0.134
	NRM3	0.674	0.211	0.814	0.195
	NRM4	0.638	0.215	0.774	0.100
	NRM5	0.685	0.164	0.849	0.152
	NRM6	0.644	0.152	0.802	0.133
特征值（Total）			6.887	2.514	1.562
方差贡献率（% of Variance）			47.125	17.202	10.688
累积方差贡献率（Cumulative %）			47.125	64.327	75.015

a. 旋转在 5 次迭代后收敛。

2. 技术创新动态能力变量因子分析

由表 6-15 可知，技术创新动态能力变量的 KMO = 0.852，符合 KMO 值大于 0.8 的标准要求，同时 Bartlett 球形检验 P =

0.000，符合显著性要求，适合因子分析。

表 6 – 15   技术创新动态能力变量的 KMO 和 Bartlett 球形检验结果

取样足够度的 KMO 度量		0.852
Bartlett 球形度检验	近似卡方	2 367.845
	Df	66
	Sig.	0.000

运用主成分分析法，采用 Kaiser 标准化最大方差法进行旋转，对变量进行进一步因子分析。首先对变量的收敛效度进行检验，因子载荷和解释方差等指标的分析结果如表 6 – 16 所示。由表 6 – 16 可知，技术机会感知能力、创新资源整合能力、组织变革能力每个变量提取 1 个公因子，特征根均大于 1。各测量题项的因子载荷均大于 0.6，变量收敛效度较高。运用旋转后的成分矩阵分析各测量题项与变量的相关性，判断问卷的区别效度。旋转后的成分矩阵表明，将因子载荷大于 0.6 的集结为一个成分，12 个技术创新动态能力因素可以归为 3 个因子，具有较好的区分效度。3 个公因子的累计方差贡献率达到 81.782%，说明这 12 个题项对技术创新动态能力构念具有较高的解释力。

表 6 – 16   旋转后的技术创新动态能力变量因子载荷

测量变量	测量题项	因子载荷	成分（Component）		
			因子 1	因子 2	因子 3
技术机会感知能力（OPC）	OPC1	0.640	0.162	0.164	0.876
	OPC2	0.677	0.209	0.103	0.861
	OPC3	0.701	0.229	0.124	0.832

测量变量	测量题项	因子载荷	成分（Component）		
			因子1	因子2	因子3
创新资源整合能力（RIC）	RIC1	0.703	0.864	0.209	0.221
	RIC2	0.708	0.861	0.224	0.213
	RIC3	0.707	0.847	0.225	0.227
	RIC4	0.707	0.853	0.229	0.215
	RIC5	0.690	0.839	0.202	0.225
组织变革能力（ORC）	ORC1	0.747	0.212	0.851	0.171
	ORC2	0.724	0.112	0.879	0.112
	ORC3	0.733	0.166	0.863	0.173
	ORC4	0.710	0.130	0.870	0.095
特征值（Total）			4.960	2.559	1.435
方差贡献率（% of Variance）			45.303	23.373	13.107
累积方差贡献率（Cumulative %）			45.303	68.676	81.782

a. 旋转在5次迭代后收敛。

3. 技术创新绩效变量因子分析

由表 6-17 可知，技术创新绩效变量的 KMO = 0.831，符合 KMO 值大于 0.8 的标准，同时 Bartlett 球形检验 P = 0.000，符合显著性水平要求，适合因子分析。

表 6-17　技术创新绩效变量的 KMO 和 Bartlett 球形检验结果

取样足够度的 KMO 度量		0.831
Bartlett 球形检验	近似卡方	796.609
	Df	6
	Sig.	0.000

运用主成分分析法，采用 Kaiser 标准化最大方差法进行旋

转，对变量进行因子分析。首先对变量的收敛效度进行检验，因子载荷和解释方差等指标的分析结果如表 6 – 18 所示。

表 6 – 18　　　　　正式问卷变量因子载荷与解释方差分析

测量变量	测量题项	因子载荷	特征根	解释方差百分比
技术创新绩效（TIP）	TIP1	0.874	2.931	73.265%
	TIP2	0.882		
	TIP3	0.812		
	TIP4	0.855		

对技术创新绩效这一因变量测量题项的因子分析结果可以看出，共提取 1 个公因子，特征根是 2.931，累计可解释总方差为 73.265% 。由于只抽取 1 个公因子，无法旋转此解。根据因子分析结果，各因子的载荷均大于 0.6，非常显著，且解释方差百分比大于 60%，方差解释能力强，具有较好的收敛效度，说明这 4 个测量题项对技术创新绩效构念具有较高的解释力。

4. 组织创新氛围变量因子分析

由表 6 – 19 可知，组织创新氛围变量的 KMO = 0.899，符合 KMO 值大于 0.8 的标准要求，同时 Bartlett 球形检验 P = 0.000，符合显著性水平要求，适合因子分析。

表 6 – 19　　　组织创新氛围变量的 KMO 和 Bartlett 球形检验结果

取样足够度的 KMO 度量		0.899
Bartlett 球形检验	近似卡方	1 451.565
	Df	21
	Sig.	0.000

运用主成分分析法，采用 Kaiser 标准化最大方差法进行旋转，对变量进行因子分析。首先对变量的收敛效度进行检验，

因子载荷和解释方差等指标的分析结果如表 6 - 20 所示。

表 6 - 20　　　　正式问卷变量因子载荷与解释方差分析

测量变量	测量题项	因子载荷	特征根	解释方差百分比
组织创新氛围（OIC）	OIC1	0.884	5.535	79.072%
	OIC2	0.924		
	OIC3	0.930		
	OIC4	0.862		
	OIC5	0.902		
	OIC6	0.876		
	OIC7	0.843		

对组织创新氛围测量题项的因子分析结果可以看出，共提取 1 个公因子，特征根是 5.535，累计可解释总方差为 79.072%。由于只抽取出 1 个公因子，无法旋转此解。根据因子分析结果，各因子的载荷均大于 0.6，非常显著，且解释方差百分比大于 60%，方差解释能力强，具有较好的收敛效度，说明这 7 个测量题项对组织创新氛围构念具有较高的解释力。

5. 环境动态性变量因子分析

由表 6 - 21 可知，环境动态性变量的 KMO = 0.830，符合 KMO 值大于 0.8 的标准要求，同时 Bartlett 球形检验 P = 0.000，符合显著性要求，适合因子分析。

表 6 - 21　　　环境动态性变量的 KMO 和 Bartlett 球形检验结果

取样足够度的 KMO 度量		0.830
Bartlett 球形检验	近似卡方	1 503.568
	Df	21
	Sig.	0.000

　　运用主成分分析法，采用 Kaiser 标准化最大方差法进行旋转，对变量进行因子分析。首先对变量的收敛效度进行检验，因子载荷和解释方差等指标分析结果如表 6 – 22 所示。由表 6 – 22 可知，技术动态性、市场动态性两个变量，每个变量分别提取了 1 个公因子，特征根均大于 1。各测量题项的因子载荷均大于 0.6，变量收敛效度较好。由旋转后的成分矩阵看出，将因子载荷大于 0.6 的集结为一个成分，7 个环境动态性因素可归为 2 个因子，认为其具有较好的区分效度。2 个公因子的累积方差贡献率达到 82.007%，说明这 7 个题项对环境动态性构念具有较高的解释力。

表 6 – 22　　　　　　旋转后的环境动态性变量因子载荷

测量变量	测量题项	因子载荷	成分（Compotent）	
			因子 1	因子 2
技术动态性（TD）	TD1	0.741	0.241	0.904
	TD2	0.731	0.221	0.911
	TD3	0.744	0.255	0.890
市场动态性（MD）	MD1	0.827	0.871	0.280
	MD2	0.821	0.888	0.250
	MD3	0.798	0.893	0.207
	MD4	0.762	0.854	0.199
	特征值（Total）		3.971	1.758
	解释方差百分比（% of Variance）		56.842	25.165
	累积解释方差百分比（Cumulative %）		56.842	82.007

a. 旋转在 3 次迭代后收敛。

　　对各变量问卷量表进行的探索性因子分析（EFA）验证了

前面对各变量的维度划分，同时也表明问卷具有较好的结构效度，为后续研究打好了基础。

（二）验证性因子分析

本书的验证性因子分析（CFA）使用 AMOS22.0 软件进行，用以确认数据的模型是否为研究所预期的形式，通过对因素结构进行检验，进一步确认各变量的聚合效度和区分效度。参考胡和本德（Hu & Bender，1999）等的研究，模型拟合具体标准如表 6–23 所示。

表 6–23　　　　　　　　模型拟合度指标标准

配适指标	评价标准
χ^2/df 拟合度指数	若 $2 < \chi^2/df < 5$，则模型可接受；若 $\chi^2/df < 2$，则模型拟合非常好
CFI 比较拟合指数	CFI > 0.9，模型可接受
TLI 增量拟合指数	TLI > 0.9，模型可接受
RMSEA 绝对拟合指数	RMSEA < 0.08，模型可接受
SRMR	SRMR < 0.08
C. R. 临界比	在 P < 0.001 的路径下显著
R	> 0.6
R^2	> 0.5
CR	> 0.7
AVE（平均方差抽取量）	> 0.5

本书进行验证性因子分析时，主要采用 χ^2/df、CFI、TLI、RMSEA、C. R. 和 SRMR 六种拟合指数。在考察聚合效度时，主要根据每个测量题项在公因子上的标准载荷值 R 和 R^2、组合效度（CR），平均方差抽取量（AVE）进行判断，分析结果如

表6-24 所示。在考察区分效度时，采用各变量间的相关系数和 AVE 值进行比较来判断，如果各变量的 AVE 值比相关系数的平方值大，则表明区分效度较好（Formall & Larcker，1981），分析结果如表6-25 所示。

表6-24　　　　　　　　验证性因子分析

变量	条款	标准化因素负荷量（R）	临界比（C. R.）	R^2	CR	AVE
网络关系选择（NRS）	NRS1	0.837	—	0.701	0.893	0.627
	NRS2	0.751	13.950***	0.564		
	NRS3	0.733	12.512***	0.537		
	NRS4	0.866	16.402***	0.750		
	NRS5	0.765	14.779***	0.585		
网络关系维护（NRM）	NRM1	0.763	—	0.582	0.877	0.587
	NRM2	0.824	15.255***	0.679		
	NRM3	0.775	14.469***	0.601		
	NRM4	0.718	11.858***	0.516		
	NRM5	0.748	13.342***	0.560		
网络关系利用（NRE）	NRE1	0.758	—	0.575	0.901	0.605
	NRE2	0.716	11.349***	0.513		
	NRE3	0.735	12.524***	0.540		
	NRE4	0.770	14.996***	0.593		
	NRE5	0.862	16.624***	0.743		
	NRE6	0.815	15.315***	0.664		
技术机会感知能力（OPC）	OPC1	0.722	—	0.521	0.838	0.617
	OPC2	0.821	15.845***	0.674		
	OPC3	0.809	14.032***	0.654		

续表

变量	条款	标准化因素负荷量（R）	临界比（C. R.）	R^2	CR	AVE
创新资源整合能力（RIC）	RIC1	0. 852	—	0. 726	0. 897	0. 636
	RIC2	0. 719	12. 448 ***	0. 517		
	RIC3	0. 845	14. 526 ***	0. 714		
	RIC4	0. 773	13. 254 ***	0. 598		
	RIC5	0. 791	13. 546 ***	0. 630		
组织变革能力（ORC）	ORC1	0. 732	—	0. 536	0. 824	0. 540
	ORC2	0. 730	12. 613 ***	0. 533		
	ORC3	0. 752	12. 756 ***	0. 566		
	ORC4	0. 724	12. 304 ***	0. 524		
技术创新绩效（TIP）	TIP1	0. 779	—	0. 607	0. 867	0. 619
	TIP2	0. 803	18. 665 ***	0. 645		
	TIP3	0. 755	13. 407 ***	0. 570		
	TIP4	0. 810	14. 465 ***	0. 656		
组织创新氛围（OIC）	OIC1	0. 754	—	0. 569	0. 909	0. 589
	OIC2	0. 740	12. 845 ***	0. 548		
	OIC3	0. 819	15. 032 ***	0. 671		
	OIC4	0. 724	12. 304 ***	0. 524		
	OIC5	0. 767	14. 448 ***	0. 588		
	OIC6	0. 794	16. 516 ***	0. 630		
	OIC7	0. 771	15. 254 ***	0. 594		
技术动态性（TD）	TD1	0. 800	—	0. 640	0. 854	0. 661
	TD2	0. 774	14. 067 ***	0. 599		
	TD3	0. 863	16. 288 ***	0. 745		

续表

变量	条款	标准化因素负荷量（R）	临界比（C. R.）	R^2	CR	AVE
市场动态性（MD）	MD1	0.848	—	0.719	0.873	0.632
	MD2	0.800	13.402 ***	0.640		
	MD3	0.716	12.523 ***	0.513		
	MD4	0.810	14.199 ***	0.656		
拟合度	CMIN = 1691.197；DF = 929；CMIN/df = 1.820；CFI = 0.920；SRMR = 0.053；IFI = 0.942；TLI = 0.939；RMSEA = 0.051					

注：*** 表示显著性水平 P < 0.001。

表 6 - 25 区分效度检验

变量	NRS	NRM	NRE	OPC	RIC	ORC	TIP	OIC	TD	MD
NRS	0.792									
NRM	0.574 **	0.766								
NRE	0.551 **	0.576 **	0.778							
OPC	0.480 **	0.482 **	0.500 **	0.785						
RIC	0.552 **	0.521 **	0.631 **	0.568 **	0.797					
ORC	0.570 **	0.537 **	0.578 **	0.578 **	0.675 **	0.735				
TIP	0.572 **	0.552 **	0.578 **	0.613 **	0.668 **	0.651 **	0.787			
OIC	0.486 **	0.478 **	0.567 **	0.487 **	0.617 **	0.606 **	0.572 **	0.767		
TD	0.208 **	0.202 **	0.304 **	0.305 **	0.365 **	0.275 **	0.360 **	0.400 **	0.813	
MD	0.184 **	0.190 **	0.254 **	0.257 **	0.291 **	0.272 **	0.329 **	0.317 **	0.523 **	0.795

注：（1）NRS、NRM、NRE、OPC、RIC、ORC、TIP、OIC、TD、MD 分别对应网络关系选择、网络关系维护、网络关系利用、技术机会感知能力、创新资源整合能力、组织变革能力、技术创新绩效、组织创新氛围、技术动态性和市场动态性。

（2）对角线粗体数字为每个变量 AVE 值的平方根。

（3）** 表示在 0.01 水平（双侧）上显著相关。

　　本书的测量模型和验证性因子分析结果如图 6 - 1 和

表 6 – 24 所示。其中，NRS、NRM、NRE、OPC、RIC、ORC、OIC、TD、MD 分别对应网络关系选择、网络关系维护、网络关系利用、技术机会感知能力、创新资源整合能力、组织变革能力、技术创新绩效、组织创新氛围、技术动态性、市场动态性。各变量的测量模型的拟合结果表明：卡方 χ^2 的 CMIN 值为 1691.197，自由度 DF 为 929；$\chi^2/\mathrm{df} = 1.820 < 2$，CFI $= 0.920 > 0.9$，TLI $= 0.939 > 0.9$，RMSEA $= 0.051 < 0.08$，且各路径系数均在 P < 0.001 的水平上显著。因此，图 6 – 1 表示的模型得到验证，均符合要求。

针对聚合效度的考察结果如表 6 – 24 所示，各变量测量条款的标准化因子载荷 R > 0.6，$R^2 > 0.5$，各变量的组合效度（CR）均大于 0.7，平均方差抽取量（AVE）大于 0.5，变量聚合效度较好。

由表 6 – 25 可知，本书 10 个潜变量之间具有显著的相关性（P < 0.01），另外，相关性系数的绝对值均小于 0.5，且均小于所对应的 AVE 的平方根，即各潜变量之间具有一定相关性但又有一定区分度，说明量表数据的区分效度理想。

（三）同源偏差控制和检验

由于本书中问卷所有题项从同一个来源收集数据，可能存在同源偏差问题。本书从两个方面控制量表可能存在的同源偏差。第一，事前控制。量表设计力求简洁，打乱各分量表的题项顺序，使自变量与因变量间隔较远，答题者采取匿名填写方式等。第二，事后检验。本书研究模型包括 10 个潜变量，潜变量较多，直接使用 Harman 单因素检验法不太合适。把网络关系

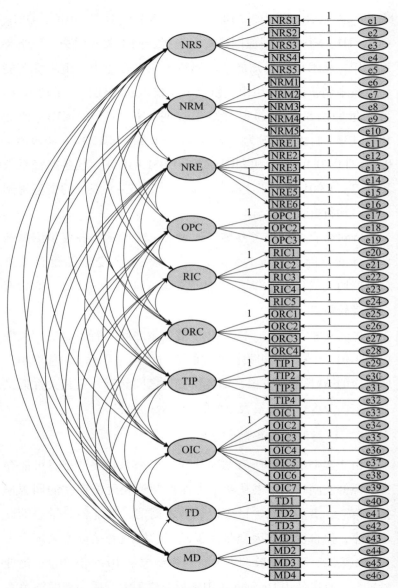

图6-1 研究模型各变量验证性因子分析测量模型

三个维度的测量题项分别聚合到三个维度上，视为网络关系的3个测量题项；把技术创新动态能力三个维度的测量题项分别聚合到三个维度上，视为技术创新动态能力的3个测量题项；把技术动态性两个维度的测量题项分别聚合到两个维度上，视为技术动态性的2个测量题项。聚合后的研究模型包括企业网络关系、技术创新动态能力、技术创新绩效、组织创新氛围、环境动态性5个变量。参照等庞德塞考夫等（Podsakoff et al.，2003）的做法，对数据进行同源偏差检验，采用 Harman 单因素检验法将量表中共计19个题项同时做探索性因子分析（主成分分析法）。结果显示，KMO 值为0.834，未旋转因子中特征值大于1的因子共5个，解释的总方差量为75.073%，高于60%的基准线。未旋转前第一个因子的方差贡献率为27.351%，小于40%，更小于50%的基准线，不占大多数。说明本书的同源偏差问题不严重，对结论可靠性不会造成本质影响。

第三节　结构方程模型分析与结果

一、结构方程建模

本书各主要变量通过了信度和效度检验。为了对本书的理论假设 H1.1～假设 H3.3 进行验证，运用结构方程建模验证网络关系通过技术创新动态能力影响技术创新绩效的作用机理。

基于本书构建的概念模型（如图 6-2 所示）及其相应的研究假设，运用 AMOS22.0 构建初始结构方程模型路径图。

图 6 - 2 中，NRS、NRM、NRE、OPC、RIC、ORC、TIP 分别对应
网络关系选择、网络关系维护、网络关系利用、技术机会感知能
力、创新资源整合能力、组织变革能力和技术创新绩效，图中包
含 7 个潜变量和 32 个显变量。其中包括网络关系选择、网络关系
维护、网络关系利用 3 个外生潜变量（即研究中的自变量），以及
技术机会感知能力、创新资源整合能力、组织变革能力、技术创
新绩效 4 个内生潜变量（即研究中的因变量）。模型有 e1～e32 共
32 个显变量的残差变量，e33～e36 共 4 个潜变量的残差变量，其
路径系数默认为 1。下面将对模型的 15 条影响路径进行验证。

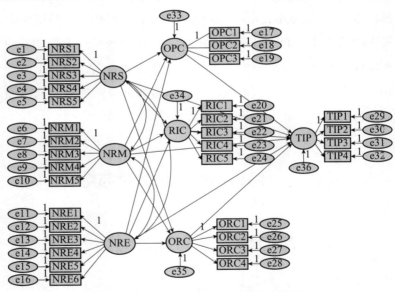

图 6 - 2　基于概念模型的初始结构方程模型

二、模型的检验与修正

借助 AMOS22.0 构建初始结构方程模型，对设定的 15 条路

径进行验证。用运算得到的结果对变量间关系模型和实际数据之间的拟合程度进行判断，结果如表 6 – 26 所示。初始模型拟合的 χ^2 值为 730.196（自由度 df = 429），$\chi^2/df = 1.702 < 2$，拟合效果较好；同时，该初始模型的 IFI 值为 0.945，TLI 值为 0.935，CFI 值为 0.944，均大于 0.9；RMSEA 值为 0.047，SRMR 值为 0.056，均小于 0.8，初始模型与样本数据拟合良好。初始 SEM 模型的拟合检验结果如表 6 – 26 所示，其中有 1 条路径的路径系数未通过显著性检验：TIP 技术创新绩效←NRM 网络关系维护。

表 6 – 26　　初始结构方程模型拟合检验结果（N = 319）

路径	标准化路径系数	S. E. （标准误）	C. R.	P
OPC←NRS	0.227	0.056	4.054	***
RIC←NRS	0.234	0.051	3.588	***
ORC←NRS	0.306	0.073	4.192	***
OPC←NRM	0.175	0.065	2.692	0.007
RIC←NRM	0.248	0.058	4.276	***
ORC←NRM	0.263	0.072	3.653	***
OPC←NRE	0.213	0.049	4.347	***
RIC←NRE	0.339	0.076	4.461	***
ORC←NRE	0.226	0.051	4.431	***
TIP←NRS	0.164	0.058	2.828	0.005
TIP←NRM	0.057	0.049	1.143	0.254
TIP←NRE	0.189	0.061	3.098	0.002
TIP←OPC	0.196	0.052	3.769	***
TIP←RIC	0.227	0.067	4.164	***
TIP←ORC	0.184	0.068	2.706	0.008

拟合度：CMIN = 730.196；DF = 429；CMIN/df = 1.702；IFI = 0.945；
TLI = 0.935；CFI = 0.944；RMSEA = 0.047；SRMR = 0.056；

注：*** 表示显著性水平 P < 0.001，通常情况下 P < 0.05 即可。

　　经检验，结构方程模型中的各项拟合指数达标，模型具有较好的拟合情况，表明本书所提出的假设模型具有较高的准确性。接下来，对模型可能修正的地方进行检查。在对模型的修正中，一般可以通过理论或经验依据对测量模型进行修改，或者可以通过 AMOS 提供的修正指数来修改。

　　本书首先根据拟合结果和 AMOS 提供的修正参数对模型进行修正，修正后的结果基本没有变化，结合模型的路径设定等因素进行综合分析认为修正意义不大。其次，根据路径系数的回归分析结果来考虑进一步的修正，在路径系数回归分析中，网络关系维护与技术创新绩效的相关性不显著。结合实际的理论分析，本书认为，网络关系维护对技术创新绩效的直接影响可能有限。因此，将研究中对结构模型不显著的路径删除，得到修正后的结构方程模型如图 6 - 3 所示，再将修改后的结构方

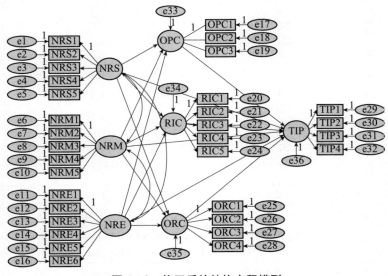

图 6 - 3　修正后的结构方程模型

程模型重新进行估计，结果显示，CMIN = 730.691；DF = 430；CMIN/df = 1.699；IFI = 0.945；TLI = 0.936；CFI = 0.944；RMSEA = 0.047；SRMR = 0.056。将初始模型和修正后的结构方程模型的整体适配度进行比较（如表 6 - 27 所示），发现各个指标差异不大，因此，本书认为，初始模型拟合的指标良好且假设模型是可以接受的。

表 6 - 27　　　　　模型修正前后检验结果比较

拟合指标	CMIN	DF	CMIN/DF	IFI	TLI	CFI	RMSEA	SRMR
初始模型	730.196	429	1.702	0.945	0.935	0.944	0.047	0.056
修正模型	730.691	430	1.699	0.945	0.936	0.944	0.047	0.056

三、Bootstrap 中介效应检验

在确定最佳拟合模型后，使用偏差校正的 Bootstrap 对中介路径进行进一步检验。Bootstrap 对中介效应检验模拟了从总体中随机抽取大量样本的过程。使用这种方法时，原始样本被视为 Bootstrap 抽样的总体，通过对原始样本多次放回重复抽样获得统计量（方杰等，2014）。在对中介效应的检验上，这种方法比需要满足正态分布假设且计算复杂、使用不便的 Sobel 检验更具优越性。因此，本书选用 Bootstrap 对中介效应路径进行检验。结果表明，技术创新动态能力各维度在网络关系各维度和技术创新绩效之间的中介效应显著，检验结果如表 6 - 28 所示。

表 6 - 28　　Bootstrap 中介效应检验结果

间接效应路径		非标准化效应			中介效应占总效应的比值（%）	Biased-corrected bootstrap 95%置信区间	
		中介效应	直接效应	总效应		下限	上限
网络关系选择	技术机会感知能力	0.161×0.229=0.037*	0.152*	0.273**	13.55	0.006	0.088
	创新资源整合能力	0.189×0.188=0.036*			13.19	0.006	0.084
	组织变革能力	0.278×0.173=0.048**			17.58	0.020	0.102
网络关系维护	技术机会感知能力	0.260×0.229=0.060**	0.083	0.218**	27.72	0.026	0.126
	创新资源整合能力	0.172×0.188=0.032*			14.68	0.005	0.079
	组织变革能力	0.246×0.173=0.043**			19.72	0.016	0.100
网络关系利用	技术机会感知能力	0.207×0.229=0.047**	0.169**	0.311**	15.43	0.020	0.092
	创新资源整合能力	0.285×0.188=0.053**			17.04	0.025	0.117
	组织变革能力	0.237×0.173=0.041**			13.18	0.007	0.094

注：* 表示 $P<0.05$；** 表示 $P<0.01$；*** 表示 $P<0.001$。

四、结构方程模型假设检验结果

经过结构方程的建模和对各变量之间假设关系的检验，变量之间共有 23 条显著路径，具体研究假设检验结果如表 6 – 29 所示。

表 6 – 29　　　　　　　研究假设检验结果汇总

检验路径	是否显著
网络关系选择—技术机会感知能力—技术创新绩效	是
网络关系选择—创新资源整合能力—技术创新绩效	是
网络关系选择—组织变革能力—技术创新绩效	是
网络关系维护—技术机会感知能力—技术创新绩效	是
网络关系维护—创新资源整合能力—技术创新绩效	是
网络关系维护—组织变革能力—技术创新绩效	是
网络关系利用—技术机会感知能力—技术创新绩效	是
网络关系利用—创新资源整合能力—技术创新绩效	是
网络关系利用—组织变革能力—技术创新绩效	是
网络关系选择—技术创新绩效	是
网络关系维护—技术创新绩效	否
网络关系利用—技术创新绩效	是
网络关系选择—技术机会感知能力	是
网络关系选择—创新资源整合能力	是
网络关系选择—组织变革能力	是
网络关系维护—技术机会感知能力	是
网络关系维护—创新资源整合能力	是
网络关系维护—组织变革能力	是
网络关系利用—技术机会感知能力	是

续表

检验路径	是否显著
网络关系利用—创新资源整合能力	是
网络关系利用—组织变革能力	是
技术机会感知能力—技术创新绩效	是
创新资源整合能力—技术创新绩效	是
组织变革能力—技术创新绩效	是

第四节 回归分析与调节效应假设检验

基于对网络关系通过技术创新动态能力影响技术创新绩效的验证，对组织创新氛围在网络关系与技术创新动态能力之间的调节作用，以及环境动态性在技术创新动态能力与技术创新绩效之间的调节作用进行检验。在层次回归做调节效应分析时，需要对变量进行标准化处理，以避免多重共线性问题。然后在对各潜变量数据标准化处理的基础上，进一步使用层次回归分析法对调节效应进行验证。参照海耶斯（Hayes，2013）的方法步骤，首先将控制变量分别带入以技术机会感知能力、创新资源整合能力、组织变革能力、技术创新绩效为因变量的回归方程中，然后加入各自自变量和调节变量，最后加入各自自变量和调节变量的交互项，分三步做回归分析。

一、组织创新氛围的调节效应假设检验

首先，对网络关系选择、网络关系维护、网络关系利用三

个解释变量以及组织创新氛围这一调节变量做标准化处理。其次，将处理后的网络关系选择、网络关系维护、网络关系利用分别与处理后的调节变量组织创新氛围两两相乘，得到三个交互项，分别取名为 NRS × OIC、NRM × OIC、NRE × OIC。

（一）组织创新氛围在网络关系各维度与技术机会感知能力之间的调节效应检验

以技术机会感知能力为因变量，网络关系各维度为自变量，组织创新氛围为调节变量，企业年销售额、员工规模、成立年限为控制变量，将自变量和调节变量做标准化处理后用带有乘积项的回归模型做层次回归分析，以检验调节效应是否存在。结果如表 6 - 30 所示。

表 6 - 30　　组织创新氛围在网络关系各维度与技术机会
感知能力之间的调节效应检验

类别		因变量　技术机会感知能力（OPC）		
		模型 1	模型 2	模型 3
控制变量	年销售额	0.070 *	0.066 *	0.051
	员工规模	0.006	0.013	0.022
	成立年限	0.062	- 0.007	0.003
自变量	网络关系选择（NRS）		0.167 **	0.135 **
	网络关系维护（NRM）		0.220 ***	0.176 **
	网络关系利用（NRE）		0.181 **	0.159 **
调节变量	组织创新氛围（OIC）		0.232 ***	0.194 **
二维交互项	NRS × OIC			0.168 **
	NRM × OIC			0.031
	NRE × OIC			0.124 *

类别	因变量　技术机会感知能力（OPC）		
	模型 1	模型 2	模型 3
R^2	0.056	0.447	0.518
$\triangle R^2$		0.391	0.071
F	6.213 ***	54.721 ***	22.059 ***

注：＊表示 P < 0.05；＊＊表示 P < 0.01；＊＊＊表示 P < 0.001。

　　从表 6 - 30 可看出，网络关系选择与组织创新氛围交互项的回归系数是 0.168，sig.（即 P 值）在 P < 0.01 的水平上显著，且组织创新氛围、网络关系选择与组织创新氛围的乘积项的回归系数同为正数，表明组织创新氛围对"网络关系选择—技术机会感知能力"起正向调节作用，即随着组织创新氛围水平的提升，网络关系选择对技术机会感知能力的作用增强，假设 5.1 得到验证。网络关系维护与组织创新氛围交互项的回归系数为 0.031，sig.（即 P 值）在 P < 0.05 的水平上不显著，表明组织创新氛围对"网络关系维护—技术机会的感知能力"不起调节作用，假设 5.2 未得到验证。网络关系利用与组织创新氛围交互项的回归系数是 0.124，sig.（即 P 值）在 P < 0.05 的水平上显著，且组织创新氛围、网络关系利用与组织创新氛围的乘积项的回归系数同为正数，表明组织创新氛围对"网络关系利用—技术机会感知能力"起正向调节作用，即随着组织创新氛围水平的提升，网络关系利用对技术机会感知能力的作用增强，假设 5.3 得到验证。

　　为了更加直观地表现组织创新氛围对"网络关系选择—技术机会感知能力"和"网络关系利用—技术机会感知能力"的

调节效应，将标准化后的自变量、调节变量、自变量和调节变量的交互项代入回归方程对因变量进行预测，根据分析结果，进行调节效应图的绘制（温忠麟、刘云红和侯杰泰，2012；Hayes，2013）。

1. 组织创新氛围对"网络关系选择—技术机会感知能力"的调节效应

如图6-4所示，高水平组织创新氛围（组织创新氛围浓郁）用实线表示，低水平组织创新氛围（组织创新氛围稀薄）用虚线表示。实线比虚线斜率大，说明组织创新氛围正向调节网络关系选择对技术机会感知能力的影响，高水平组织创新氛围会增强网络关系选择对技术机会感知能力的影响，低水平组织创新氛围则削弱其影响。

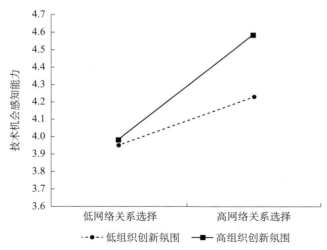

图6-4 不同组织创新氛围下网络关系选择对技术机会感知能力的影响

2. 组织创新氛围对"网络关系利用—技术机会感知能力"的

调节效应

如图 6 – 5 所示，高水平组织创新氛围（组织创新氛围浓郁）用实线表示，低水平组织创新氛围（组织创新氛围稀薄）用虚线表示。实线比虚线斜率大，说明组织创新氛围正向调节网络关系利用对技术机会感知能力的影响，高水平组织创新氛围会增强网络关系利用对技术机会感知能力的影响，低水平组织创新氛围则削弱其影响。

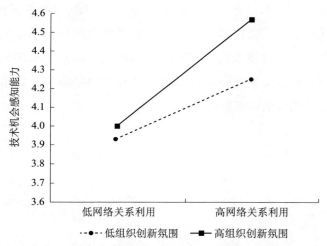

图 6 – 5　不同组织创新氛围下网络关系利用对技术机会感知能力的影响

（二）组织创新氛围在网络关系各维度与创新资源整合能力之间的调节效应检验

以创新资源整合能力为因变量，网络关系各维度为自变量，组织创新氛围为调节变量，企业年销售额、员工规模、成立年限为控制变量，将自变量和调节变量做标准化处理后用带有乘积项的回归模型做层次回归分析，以检验调节效应是否存在。

结果如表 6 - 31 所示。

表 6 - 31 **组织创新氛围在网络关系各维度与创新资源整合能力之间的调节效应检验**

类别		因变量 创新资源整合能力（RIC）		
		模型 1	模型 2	模型 3
控制变量	年销售额	- 0.024	- 0.028	- 0.019
	员工规模	0.083	0.076	0.054
	成立年限	0.131 *	0.058	0.032
自变量	网络关系选择（NRS）		0.203 ***	0.121 *
	网络关系维护（NRM）		0.147 **	0.105 *
	网络关系利用（NRE）		0.282 ***	0.151 **
调节变量	组织创新氛围（OIC）		0.265 ***	0.144 **
二维交互项	NRS × OIC			0.125 **
	NRM × OIC			0.146 **
	NRE × OIC			0.107 *
R^2		0.044	0.497	0.553
$\triangle R^2$			0.453	0.056
F		4.887 **	62.314 ***	21.442 ***

注：* 表示 $P < 0.05$；** 表示 $P < 0.01$；*** 表示 $P < 0.001$。

从表 6 - 31 可以看出，网络关系选择与组织创新氛围交互项的回归系数是 0.125，sig.（即 P 值）在 $P < 0.01$ 的水平上显著，且组织创新氛围和网络关系选择与组织创新氛围乘积项的回归系数同为正数，表明组织创新氛围对"网络关系选择—创新资源整合能力"起正向调节作用，即随着组织创新氛围水平的提升，网络关系选择对创新资源整合能力的作用增强，假设 5.4 得到验证。网络关系维护与组织创新氛围交互项的回归

系数是 0.146，sig.（即 P 值）在 P < 0.01 的水平上显著，且组织创新氛围和网络关系维护与组织创新氛围乘积项的回归系数同为正数，表明组织创新氛围对"网络关系维护—创新资源整合能力"起正向调节作用，即随着组织创新氛围水平的提升，网络关系选择对创新资源整合能力的作用增强，假设 5.5 得到验证。网络关系利用与组织创新氛围交互项的回归系数是 0.107，sig.（即 P 值）在 P < 0.05 的水平上显著，且组织创新氛围和网络关系选择与组织创新氛围乘积项的回归系数同为正数，表明组织创新氛围对"网络关系利用—创新资源整合能力"起正向调节作用，即随着组织创新氛围水平的提升，网络关系利用对创新资源整合能力的作用增强，假设 5.6 得到验证。

为了更加直观地表现组织创新氛围对"网络关系选择—创新资源整合能力""网络关系维护—创新资源整合能力"和"网络关系利用—创新资源整合能力"的调节效应，将标准化后的自变量、调节变量、自变量和调节变量的交互项代入回归方程对因变量进行预测，根据分析结果，进行调节效应图的绘制（温忠麟、刘云红和侯杰泰，2012；Hayes，2013）。

1. 组织创新氛围对"网络关系选择—创新资源整合能力"的调节效应

如图 6 - 6 所示，高水平组织创新氛围（组织创新氛围浓郁）用实线表示，低水平组织创新氛围（组织创新氛围稀薄）用虚线表示。实线比虚线斜率大，说明组织创新氛围正向调节网络关系选择对创新资源整合能力的影响，高水平的组织创新氛围会增强网络关系选择对创新资源整合能力的影响，低水平的组织创新氛围则削弱其影响。

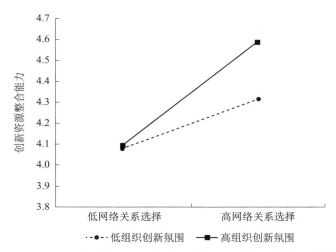

图 6 – 6 不同组织创新氛围下网络关系选择对创新资源整合能力的影响

2. 组织创新氛围对"网络关系维护—创新资源整合能力"的调节效应

如图 6 – 7 所示，高水平组织创新氛围（组织创新氛围浓郁）用实线表示，低水平组织创新氛围（组织创新氛围稀薄）用虚线表示。实线比虚线斜率大，说明组织创新氛围正向调节网络关系维护对创新资源整合能力的影响，高水平的组织创新氛围会增强网络关系维护对创新资源整合能力的影响，低水平的组织创新氛围则削弱其影响。

3. 组织创新氛围对"网络关系利用—创新资源整合能力"的调节效应

如图 6 – 8 所示，高水平组织创新氛围（组织创新氛围浓郁）用实线表示，低水平组织创新氛围（组织创新氛围稀薄）用虚线表示。实线比虚线斜率大，说明组织创新氛围正向调节网络关系利用对创新资源整合能力的影响，高水平的组织创新氛围会增强网络关系利用对创新资源整合能力的影响，低水平的组织创新氛围则削弱其影响。

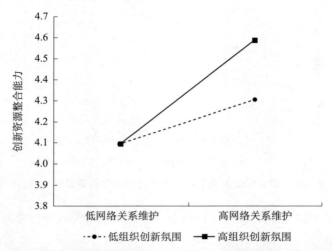

图 6 - 7　不同组织创新氛围下网络关系维护对创新资源整合能力的影响

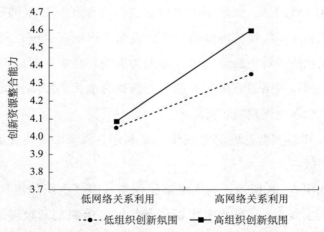

图 6 - 8　不同组织创新氛围下网络关系利用对创新资源整合能力的影响

（三）组织创新氛围在网络关系各维度与组织变革能力之间的调节效应检验

以组织变革能力为因变量，网络关系各维度为自变量，组织创新氛围为调节变量，企业年销售额、员工规模、成立年限为控制变量，将自变量和调节变量做标准化处理后用带有乘积项的回归模型做层次回归分析，检验调节作用是否存在。结果如表6－32所示。

表6－32　　组织创新氛围在网络关系各维度与组织变革能力之间的调节效应检验

类别		因变量　组织变革能力（ORC）		
		模型1	模型2	模型3
控制变量	年销售额	－0.036	－0.039	－0.014
	员工规模	0.052	0.057	0.023
	成立年限	0.080	0.006	－0.003
自变量	网络关系选择（NRS）		0.226 ***	0.147 **
	网络关系维护（NRM）		0.182 **	0.104 *
	网络关系利用（NRE）		0.229 ***	0.153 **
调节变量	组织创新氛围（OIC）		0.234 ***	0.165 ***
二维交互项	NRS×OIC			0.106 *
	NRM×OIC			0.025
	NRE×OIC			0.149 **
R^2		0.012	0.466	0.527
$\triangle R^2$			0.454	0.061
F		1.289	59.401 ***	19.899 ***

注：* 表示 $P < 0.05$；** 表示 $P < 0.01$；*** 表示 $P < 0.001$。

从表6－32可以看出，网络关系选择与组织创新氛围交互项的回归系数是 0.106，sig.（即 P 值）在 P < 0.05 的水平上显著，且组织创新氛围和网络关系选择与组织创新氛围乘积项的回归系数同为正数，表明组织创新氛围对"网络关系选择—组织变革能力"起正向调节作用，即随着组织创新氛围水平的提升，网络关系选择对组织变革能力的影响增强，假设 5.7 得到验证。网络关系维护与组织创新氛围交互项的回归系数是 0.025，sig.（即 P 值）在 P < 0.05 的水平上不显著，表明组织创新氛围对"网络关系维护—组织变革能力"不起调节作用，假设 5.8 没有得到验证。网络关系利用与组织创新氛围交互项的回归系数是 0.149，sig.（即 P 值）在 P < 0.01 的水平上显著，且组织创新氛围和网络关系选择与组织创新氛围乘积项的回归系数同为正数，表明组织创新氛围对"网络关系利用—组织变革能力"起正向调节作用，即随着组织创新氛围的增加，网络关系利用对组织变革能力的影响增强，假设 5.9 得到验证。

为了更加直观地表现组织创新氛围对"网络关系选择—组织变革能力"和"网络关系利用—组织变革能力"的调节效应，将标准化后的自变量、调节变量、自变量和调节变量的交互项代入回归方程对因变量进行预测，根据分析结果，进行调节效应图的绘制（温忠麟、刘云红和侯杰泰，2012；Hayes，2013）。

1. 组织创新氛围对"网络关系选择—组织变革能力"的调节效应

如图 6－9 所示，高水平组织创新氛围（组织创新氛围浓郁）用实线表示，低水平组织创新氛围（组织创新氛围稀薄）

用虚线表示。实线比虚线斜率大，说明组织创新氛围正向调节网络关系选择对组织变革能力的影响，高水平的组织创新氛围会增强网络关系选择对组织变革能力的影响，低水平的组织创新氛围则会削弱其影响。

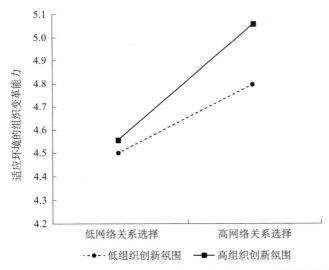

图6-9 不同组织创新氛围下网络关系选择对组织变革能力的影响

2. 组织创新氛围对"网络关系利用—组织变革能力"的调节效应

如图6-10所示，高水平组织创新氛围（组织创新氛围浓郁）用实线表示，低水平组织创新氛围（组织创新氛围稀薄）用虚线表示。实线比虚线斜率大，说明组织创新氛围正向调节网络关系利用对组织变革能力的影响，高水平的组织创新氛围会增强网络关系利用对组织变革能力的影响，低水平的组织创新氛围则削弱其影响。

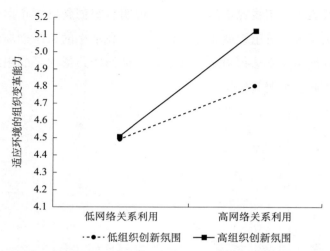

图 6 - 10   不同组织创新氛围下网络关系利用对组织变革能力的影响

二、环境动态性的调节效应假设检验

首先，对技术机会感知能力、创新资源整合能力、组织变革能力三个自变量以及技术动态性和市场动态性两个调节变量做标准化处理。其次，将处理后的三个自变量分别与处理后的两个调节变量两两相乘，得到 6 个交互项，分别取名为 OPC × TD、RIC × TD、ORC × TD、OPC × MD、RIC × MD、ORC × MD。

（一）技术动态性在技术创新动态能力各维度与技术创新绩效之间的调节效应检验

以技术创新绩效为因变量，技术创新动态能力各维度为自变量，技术动态性为调节变量，年销售额、员工规模、成立年限为控制变量，将自变量和调节变量做标准化处理后用带有乘积项的回归模型做层次回归分析，以检验调节效应是否存在。

结果如表 6 – 33 所示。

表 6 – 33　　技术动态性在技术创新动态能力各维度与
技术创新绩效之间的调节效应检验

类别		因变量　技术创新绩效（TIP）		
		模型 1	模型 2	模型 3
控制变量	年销售额	0.033	0.026	0.008
	员工规模	0.023	– 0.039	– 0.015
	成立年限	0.028	– 0.040	– 0.019
自变量	技术机会感知能力（OPC）		0.304 ***	0.217 ***
	创新资源整合能力（RIC）		0.227 **	0.128 *
	组织变革能力（ORC）		0.258 ***	0.160 **
调节变量	技术动态性（TD）		0.115 *	0.142 *
二维交互项	OPC × TD			0.153 **
	RIC × TD			0.127 *
	ORC × TD			0.143 *
	R^2	0.012	0.523	0.612
	$\triangle R^2$		0.511	0.089
	F	1.288	81.467 ***	28.436 ***

注：* 表示 $P < 0.05$；** 表示 $P < 0.01$；*** 表示 $P < 0.001$。

从表 6 – 33 可以看出，技术机会感知能力与技术动态性交互项的回归系数是 0.153，sig.（即 P 值）在 $P < 0.01$ 的水平上显著，同时，技术动态性和技术机会感知能力与技术动态性乘积项的回归系数同为正数，表明技术动态性对"技术机会感知能力—技术创新绩效"起正向调节作用，即随着技术动态性的增加，技术机会感知能力对技术创新绩效的作用增强，假设 6.1 得到验证。创新资源整合能力与技术动态性交互项的回归系数是 0.127，

sig.（即 P 值）在 P < 0.05 的水平上显著，同时，技术动态性和创新资源整合能力与技术动态性的乘积项的回归系数同为正数，表明技术动态性对"创新资源整合能力—技术创新绩效"起正向调节作用，即随着技术动态性的增加，创新资源整合能力对技术创新绩效的作用增强，假设 6.2 得到验证。组织变革能力与技术动态性交互项的回归系数是 0.143，sig.（即 P 值）在 P < 0.05 的水平上显著，同时，技术动态性和组织变革能力与技术动态性的乘积项的回归系数同为正数，表明技术动态性对"组织变革能力—技术创新绩效"起正向调节作用，即随着技术动态性的增加，组织变革能力对技术创新绩效的作用增强，假设 6.3 得到验证。

为了更加直观地表现技术动态性对"技术机会感知能力—技术创新绩效""创新资源整合能力—技术创新绩效"和"组织变革能力—技术创新绩效"的调节效应，将标准化后的自变量、调节变量、自变量和调节变量的交互项代入回归方程对因变量进行预测，根据分析结果，进行调节效应图的绘制（温忠麟、刘云红和侯杰泰，2012；Hayes，2013）。

1. 技术动态性对"技术机会感知能力—技术创新绩效"的调节效应

如图 6 - 11 所示，实线比虚线斜率大，说明技术动态性正向调节技术机会感知能力对技术创新绩效的影响，高水平的技术动态性会增强技术机会感知能力对技术创新绩效的影响，低水平的技术动态性则削弱其影响。

2. 技术动态性对"创新资源整合能力—技术创新绩效"的调节效应

如图 6 - 12 所示，实线比虚线斜率大，说明技术动态性正向调节创新资源整合能力对技术创新绩效的影响，高技术动态性会增强创新资源整合能力对技术创新绩效的影响，低技术动态性则削弱其影响。

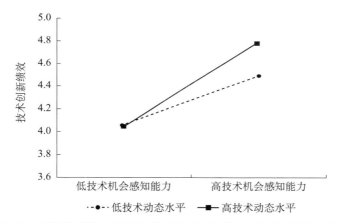

图 6 – 11 **不同技术动态性水平下技术机会感知能力对技术创新绩效的影响**

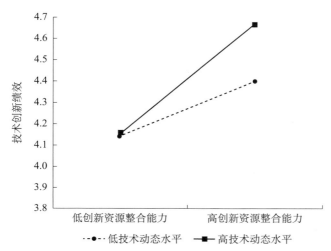

图 6 – 12 **不同技术动态性水平下创新资源整合能力对技术创新绩效的影响**

3. 技术动态性对"组织变革能力——技术创新绩效"的调节效应

如图 6 – 13 所示，实线比虚线斜率大，说明技术动态性正向调节组织变革能力对技术创新绩效的作用，高技术动态性会增强组织变革能力对技术创新绩效的影响，低技术动态性则削弱其影响。

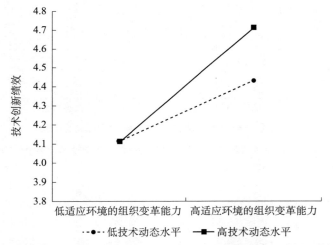

图 6 – 13 不同技术动态性水平下组织变革能力对技术创新绩效的影响

（二）市场动态性在技术创新动态能力各维度与技术创新绩效之间的调节效应检验

以技术创新绩效为因变量，技术创新动态能力各维度为自变量，市场动态性为调节变量，年销售额、员工规模、成立年限为控制变量，将自变量和调节变量做中心化处理后用带有乘积项的回归模型做层次回归分析，以检验调节作用是否存在。结果如表 6 – 34 所示。

**表 6 - 34 市场动态性在技术创新动态能力各维度与技术
创新绩效之间的调节效应检验**

类别		因变量 技术创新绩效（TIP）		
		模型 1	模型 2	模型 3
控制变量	年销售额	0.033	0.028	0.013
	员工规模	0.023	-0.028	-0.015
	成立年限	0.028	-0.060	-0.042
自变量	技术机会感知能力（OPC）		0.349 ***	0.258 ***
	创新资源整合能力（RIC）		0.286 ***	0.175 ***
	组织变革能力（ORC）		0.276 ***	0.144 **
调节变量	市场动态性（MD）		0.136 *	0.169 **
二维交互项	OPC × MD			0.185 ***
	RIC × MD			0.136 **
	ORC × MD			0.014
R^2		0.012	0.499	0.626
$\triangle R^2$			0.487	0.085
F		1.288	81.289 ***	24.792 ***

注： * 表示 $P < 0.05$ ； ** 表示 $P < 0.01$ ； *** 表示 $P < 0.001$ 。

从表 6 - 34 可以看出，技术机会感知能力与市场动态性交
互项的回归系数是 0.185， sig. （即 P 值）在 $P < 0.001$ 的水平
上显著，同时，市场动态性和技术机会感知能力与技术动态性
的乘积项的回归系数同为正数，表明市场动态性对"技术机会
感知能力—技术创新绩效"起正向调节作用，即随着市场动态
性的增加，技术机会感知能力对技术创新绩效的作用增强，假
设 6.4 得到验证。创新资源整合能力与市场动态性交互项的回
归系数是 0.136， sig. （即 P 值）在 $P < 0.01$ 的水平上显著，同

时，市场动态性和创新资源整合能力与市场动态性的乘积项的回归系数同为正数，表明市场动态性对"创新资源整合能力—技术创新绩效"起正向调节作用，即随着市场动态性的增加，创新资源整合能力对技术创新绩效的作用增强，假设6.5得到验证。组织变革能力与市场动态性交互项的回归系数是0.014，sig.（即P值）在 P < 0.05 的水平上不显著，市场动态性对"组织变革能力—技术创新绩效"不起调节作用，假设6.6未得到验证。

为了更加直观表现市场动态性对"技术机会感知能力—技术创新绩效""创新资源整合能力—技术创新绩效"和"组织变革能力—技术创新绩效"的调节效应，将标准化后的自变量、调节变量、自变量和调节变量的交互项代入回归方程对因变量进行预测，根据分析结果，进行调节效应图的绘制（温忠麟、刘云红和侯杰泰，2012；Hayes，2013）。

1. 市场动态性对"技术机会感知能力—技术创新绩效"的调节效应

如图6-14所示，实线比虚线斜率大，说明市场动态性正向调节技术机会感知能力对企业技术创新绩效的影响，高市场动态性会增强技术机会感知能力对技术创新绩效的影响，低市场动态性则削弱其影响。

2. 市场动态性对"创新资源整合能力—技术创新绩效"的调节效应

如图6-15所示，实线比虚线斜率大，说明市场动态性正向调节创新资源整合能力对技术创新绩效的影响，高市场动态性会增强创新资源整合能力对技术创新绩效的影响，低市场动态性则削弱其影响。

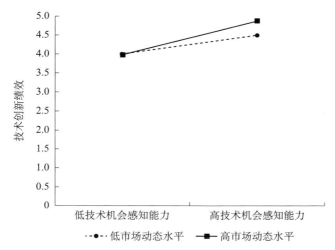

图 6 – 14　不同市场动态性水平下技术机会感知能力对技术创新绩效的影响

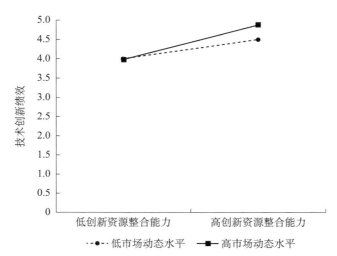

图 6 – 15　不同市场动态性水平下创新资源整合能力对技术创新绩效的影响

第五节　实证分析结论与讨论

一、实证分析结论

通过运用 SPSS24.0 和 AMOS22.0 软件对 319 家企业的调查数据进行探索性和验证性因子分析、结构方程建模和层次回归分析对第三章提出的理论假设进行了实证检验，结果如表 6 – 35 所示。

表 6 – 35　　　　　　　　　　假设检验结果

理论假设	假设内容	检验结果
H1.1	网络关系选择正向影响技术机会感知能力	支持
H1.2	网络关系维护正向影响技术机会感知能力	支持
H1.3	网络关系利用正向影响技术机会感知能力	支持
H1.4	网络关系选择正向影响创新资源整合能力	支持
H1.5	网络关系维护正向影响创新资源整合能力	支持
H1.6	网络关系利用正向影响创新资源整合能力	支持
H1.7	网络关系选择正向影响组织变革能力	支持
H1.8	网络关系维护正向影响组织变革能力	支持
H1.9	网络关系利用正向影响组织变革能力	支持
H2.1	技术机会感知能力正向影响企业技术创新绩效	支持
H2.2	创新资源整合能力正向影响企业技术创新绩效	支持
H2.3	组织变革能力正向影响企业技术创新绩效	支持
H3.1	网络关系选择正向影响企业技术创新绩效	支持

续表

理论假设	假设内容	检验结果
H3.2	网络关系维护正向影响企业技术创新绩效	不支持
H3.3	网络关系利用正向影响企业技术创新绩效	支持
H4.1	技术机会感知能力在网络关系选择与技术创新绩效之间具有中介效应	部分支持（部分中介）
H4.2	技术机会感知能力在网络关系维护与技术创新绩效之间具有中介效应	支持（完全中介）
H4.3	技术机会感知能力在网络关系利用与技术创新绩效之间具有中介效应	部分支持（部分中介）
H4.4	创新资源整合能力在网络关系选择与技术创新绩效之间具有中介效应	部分支持（部分中介）
H4.5	创新资源整合能力在网络关系维护与技术创新绩效之间具有中介效应	支持（完全中介）
H4.6	创新资源整合能力在网络关系利用与技术创新绩效之间具有中介效应	部分支持（部分中介）
H4.7	组织变革能力在网络关系选择与技术创新绩效之间具有中介效应	部分支持（部分中介）
H4.8	组织变革能力在网络关系维护与技术创新绩效之间具有中介效应	支持（完全中介）
H4.9	组织变革能力在网络关系利用与技术创新绩效之间具有中介效应	部分支持（部分中介）
H5.1	组织创新氛围正向调节网络关系选择对技术机会感知能力的影响	支持
H5.2	组织创新氛围正向调节网络关系维护对技术机会感知能力的影响	不支持
H5.3	组织创新氛围正向调节网络关系利用对技术机会感知能力的影响	支持
H5.4	组织创新氛围正向调节网络关系选择对创新资源整合能力的影响	支持
H5.5	组织创新氛围正向调节网络关系维护对创新资源整合能力的影响	支持

理论假设	假设内容	检验结果
H5.6	组织创新氛围正向调节网络关系利用对创新资源整合能力的影响	支持
H5.7	组织创新氛围正向调节网络关系选择对组织变革能力的影响	支持
H5.8	组织创新氛围正向调节网络关系维护对组织变革能力的影响	不支持
H5.9	组织创新氛围正向调节网络关系利用对组织变革能力的影响	支持
H6.1	技术动态性正向调节技术机会感知能力对技术创新绩效的影响	支持
H6.2	技术动态性正向调节创新资源整合能力对技术创新绩效的影响	支持
H6.3	技术动态性正向调节组织变革能力对技术创新绩效的影响	支持
H6.4	市场动态性正向调节技术机会感知能力对技术创新绩效的影响	支持
H6.5	市场动态性正向调节创新资源整合能力对技术创新绩效的影响	支持
H6.6	市场动态性正向调节组织变革能力对技术创新绩效的影响	不支持

二、实证结果的讨论

(一) 网络关系与企业技术创新绩效的关系

实证结果显示，网络关系选择和网络关系利用与技术创新绩效之间的标准化路径系数分别为 0.164（P = 0.005 < 0.01）和 0.189（P = 0.002 < 0.01），网络关系维护与技术创新绩效之间的标准化路径系数为 0.057（P = 0.254 > 0.05），说明关系选择和关系利用正向影响技术创新绩效的假设被证实，而关系维护的直接影响在统计上不显著，假设没得到证实。

网络关系选择是企业为了获取创新资源等目的选择符合一定标准的技术伙伴。选择什么样的技术伙伴决定了从中所能获取价值的最大可能性。关系伙伴直接为技术创新提供所需的创新资源与技术合作中的学习效应都提升了企业技术创新能力，这些能在短期内对改善技术创新绩效产生直接效应。网络关系维护是企业为了与其他组织构建高质量的、稳定的网络关系所必须遵循的契约原则和付出的交易成本。关系维护对技术创新绩效的直接影响不显著的原因可能是：首先，相较于关系选择和关系利用，关系维护可能需要更长期持续的投入，其影响才会有显著的表现。其次，结合技术创新动态能力在网络关系与技术创新绩效之间中介效应的实证分析，其影响需要通过技术创新动态能力的中介作用。最后，在网络关系影响技术创新绩效的过程中，关系选择相对于网络关系维护更为重要，网络关系的好坏主要是在关系选择阶段决定的，好的网络关系意味着网络成员拥有互补的资源、共同的目标与利益、高度的信任基础，这样的网络关系在运行中不用投入太多的维护成本，企业也能较好地利用网络关系为技术创新服务。结论表明网络关系选择的特别重要性。网络关系利用是企业在技术合作中通过与伙伴共享知识和共创价值来利用选择和维护的网络关系，共享知识和共同解决问题在短期内能直接提升技术创新绩效，在网络关系三维度的影响中最直接。所以，企业为改善技术创新绩效，特别在技术创新动态能力不够强大时，构建网络关系首先要重视关系选择和关系利用，尤其是关系选择，但也不能忽视关系维护，高质量的关系维护利于实现高质量的关系利用。

（二）网络关系与技术创新动态能力的关系

实证结果显示，网络关系各维度正向作用于技术创新动态能力各维度，这一结果有力证明了网络关系能对技术创新动态能力产生重要影响，构建网络关系是提高技术创新动态能力的有效途径。

结构方程模型的实证分析得出以下结论：网络关系选择与技术创新动态能力三维度之间的标准化路径系数分别为 0.227（P < 0.001）、0.234（P < 0.001）和 0.306（P < 0.001）；网络关系维护与上述三者之间的标准化路径系数分别为 0.175（P = 0.007 < 0.01）、0.248（P < 0.001）和 0.263（P < 0.001）；网络关系利用与上述三者之间的标准化路径系数分别为 0.213（P < 0.001）、0.339（P < 0.001）和 0.226（P < 0.001）。结果表明，积极构建外部技术网络关系能帮助企业培育和提升技术创新动态能力。

企业选择科研实力雄厚、信誉良好、战略和文化兼容、追求双赢、资源互补、类型丰富的技术伙伴，通过技术合作和组织学习可获取到稀有的、异质的、丰富的产业信息以及有价值的产品开发和改进理念，能促进技术和市场机会的感知、搜索、捕获的效果和效率以及快速响应顾客的能力。网络关系选择能帮助企业获取、整合、再配置和释放资源，网络关系创造的制度化惯例以及强有力的身份和协调规则促进了技术伙伴之间的多方位知识流动，网络中知识和资源的多样性促进了知识资源的整合、重组和创造，丰富的网络关系提升了知识、技术、财务、市场、产业等各种创新资源的获取和整合能力。企业从选择的网络关系中获得的知识信息等创新资源是重构资源基础和流程惯例继而实施适应环境的组织变革的重要保证。企业选择的技术网络关系越发达，感知到的技术机会和获取的创新资源越多，然后通过资源整合实现内外部创新资源的必要转换，为利用技术机会适时进行组织重构，及时推出新技术和新产品以满足顾客需求，提升了适应环境的组织柔性能力与变革更新能力。

网络关系维护促进企业从伙伴那里获取信息知识，密集、强大、良好的组织间关系为技术和市场机会的感知、识别和捕获提供了启迪和新想法，相互信任的伙伴关系通过更广范围和更深程度的信息、知识和资源的交换、整合和重构，利于技术和市场机会的开发和利用。关系质量、关系强度、关系久度提升了技术机会的洞察、搜寻、识别、筛选和评估，利于感知市场机会和顾客响应。网络关系维护加速企业对内外部知识等创新资源的获取和整合，关系凝聚力和联结程度促进分享知识时时间和精力的投入意愿，强关系下信息交换更频繁，信任关系中的人更愿意分享资源，利于交换准确的、完整的、深度的知识。强大的网络关系促进伙伴之间的知识流动、重组和创造，信任的关系有助于更大程度、更深层次的知识资源的获取、吸收、整合、重构和创造。企业与技术伙伴建立能力和意愿信任，改善合作关系，解决冲突，交流频繁，沟通顺畅，促进从网络关系中获取更多环境信息知识，使企业在机会感知方面嗅觉更为敏感、眼光更为敏锐、行为更为敏捷，利于调整和变革组织结构、培育创新文化、实施技术革新，提升组织柔性，以适应动荡的技术和市场环境。

网络关系利用促进知识共享，信息共享和共同解决问题给予企业宝贵的环境信息，拉近了与市场和前沿技术的距离，帮助企业捕捉依靠自身难以发现的技术机会。与伙伴共同决策和联合行动提升了监控环境的能力，有助于应对不确定环境、减少对控制之外资源的依赖，利于接受和生产新知识、新思想以及把新知识、新思想应用到新产品上，提升了技术机会的感知和捕获能力。利用网络关系使企业有机会从研发合作中获取和积累互补性创新资源，包括环境信息、资本、互补技术、营销渠道等资源，进而推动创新资源的整合和释放。技术合作中联合解决问题等价值共创活动促进知识分享，有助于企业获得复杂的、具体的、具高转移障碍、传统方式难以获得的隐性知识，而隐性知识的积累、表达和编码的互动推动着创新资源的整合。网络关系利用提供了高水平的信息交换、信任和共同解决问题，使企业减少了对控制之外的资源依赖和经营风险，创造出难以模仿的资源组合，利于重构内外部资产、协调组织活动、实施组织变革，增加了适应环境的生存可能性。当环境需要开发新技术和开拓新市场时，网络关系利用提供与伙伴共同设计和制造，使企业能临时组建灵活团队，再造不合时宜的流程和结构，创新商业模式，提升变革和适应能力。

（三）技术创新动态能力与技术创新绩效的关系

实证结果显示，技术创新动态能力各维度正向作用于技术创新绩效，这一结果有力证明了技术创新动态能力在技术创新绩效提升中发挥的重要作用，技术创新动态能力越强的企业，技术创新绩效越可以得到改善。

通过构建结构方程模型进行的实证分析得出以下结论：技术机会感知能力和技术创新绩效之间的标准化路径系数为 0.196（P < 0.001）；创新资源整合能力和技术创新绩效之间的标准化路径系数为 0.227（P < 0.001）；适应环境的组织变革能力和技术创新绩效之间的标准化路径系数为 0.184（P = 0.008 < 0.01）。可知，技术创新动态能力各维度能显著正向影响技术创新绩效。

技术机会感知能力强的企业对产业技术和市场环境中的机会和威胁嗅觉更为敏感，眼光更为敏锐，行为更为敏捷。这样的企业管理者的创新意识以及战略导向的前瞻性和风险承担性强化了对技术创新活动的资源投资和管理承诺，企业能超越当前经验与认知局限，更有可能在主导技术领域之外进行激进式创新；这样的企业能把握技术变革的方向和顾客需求变化的趋势，更好地理解技术创新及其商业化的潜在价值，积极主动性地整合创新资源、再造业务流程和摆脱组织惯性，开发符合技术趋势和顾客需求的新技术和新产品，创造领先于竞争对手的先发优势，从而改善技术的研发绩效和商业化绩效。

经济全球化使创新资源比以往更加分散，开放式创新强调整合和协调内外部创新资源的价值。在高技术动态和高市场动态环境中，创新资源整合能力强的企业通过外部技术获取和深度整合组织内部与大学、科研院所、供应商、客户、技术伙伴等互补创新资源，能使企业克服自身资源障碍，比竞争对手更敏捷、更高效地创建、扩展和修改企业的资源基础，从而降低组织惯例僵化和应对外部环境冲击，提升了内外部创新资源的商业价值。

在当今动态的充满不确定性的环境中，为了利用感知到的技术机会，企业资源不宜捆绑太紧，企业的资源基础、组织流程等企业要素要随着环境的变化进行调整。适应环境的组织变革能力强的企业能根据环境要求，保持持续学习、再造业务流程、调整组织结构、克服管理者认知偏见、修改组织规则和程序、培育创新文化、调整高管团队、创新商业模式，从而克服原有的路径依赖和组织惯性，增强战略柔性，重构企业内外部创新资源和能力，达到创新要素之间的匹配，实现比竞争对手更敏捷地响应市场需求，提升了企业的技术研发绩效和商业化绩效。

（四）技术创新动态能力的中介作用

实证结果显示，技术创新动态能力各维度对网络关系各维度和技术创新绩效之间的关系，都通过中介效应检验。其中，技术创新动态能力各维度对网络关系选择与技术创新绩效之间的关系具有部分中介作用，技术创新动态能力各维度对网络关系维护与技术创新绩效之间的关系具有完全中介作用，技术创新动态能力各维度对网络关系利用与技术创新绩效之间的关系具有部分中介作用。

这一结论符合资源基础学派"资源—能力—竞争优势"的理论逻辑。能力在资源和绩效之间发挥着极为重要的中介作用，资源本身对竞争优势的作用有限，资源需要转化为能力才能创造更大的竞争优势。能力源于对资源的特殊整合。拥有资源而无法把资源整合为能力的企业难以把资源创造价值的潜力充分发挥出来，难以不断更新资源基础和创造资源，难以保持可持续竞争优势，而能力放大了资源的价值。因此，对于企业来说，资源整合能力与拥有或控制资源同等重要，对于创造竞争优势均不可或缺。

（五）组织创新氛围的调节作用

实证结果显示，组织创新氛围对网络关系维护与技术机会感知能力之间的关系的调节作用在统计上不显著，组织创新氛围对网络关系维护与适应环境的组织变革能力之间的关系的调节作用在统计上不显。组织创新氛围对网络关系其他维度与技术创新动态能力其他维度之间的关系具有显著的正向调节作用。

组织创新氛围对网络关系维护与技术机会感知能力的关系的调节作用在统计上不显著。一个可能的解释是，组织创新氛围在创新成果绩效评价、创新激励制度、创新资源支持、对创新失败的宽容、创新活动的上级支持、组织沟通自由顺畅、创新活动的自主性等创新活动支持方面能更好地发挥作用，而技术机会感知能力可能更取决于企业高管、技术人员和营销人员长时期在技术研发和市场营销过程中外部环境信息获取的数量和质量、积累的技术和市场方面的经验、视野和直觉，这种感知能力更多源于外部环境信息的搜索和处理，而非组织内部对于创新活动的支持。因此，组织创新氛围对网络关系维护与技术机会感知能力的关系的调节作用不显著。

组织创新氛围对网络关系维护与组织变革能力的关系的调节作用不显著。一个可能的解释是，组织创新氛围在创新成果绩效评价、创新激励制度、创新资源支持、对创新失败的宽容、创新活动的上级支持、组织沟通自由顺畅、创新活动的自主性等创新活动支持方面能更好地发挥作用，而组织变革能力可能更取决于企业能根据环境要求进行持续学习、再造业务流程、调整组织结构、克服管理者认知偏见、修改组织规则和程序、调整高管团队、创新商业模式，从而克服路径依赖和组织惯性，增强战略柔性，重构组织内外部创新资源，实现创新要素的匹配，这种能力更强调环境响应，而非组织对于创新活动的支持。因此，组织创新氛围对网络关系维护与组织变革能力的关系的调节作用不显著。

（六）环境动态性的调节作用

实证结果显示，技术动态性对技术创新动态能力各维度与技术创新绩效的关系具有显著的正向调节作用。市场动态性对技术机会感知能力、创新资源整合能力与技术创新绩效的关系具有显著的正向调节作用，而对组织变革能力与技术创新绩效的关系的调节作用不显著。即组织变革能力对技术创新绩效的促进作用在稳定和不稳定市场环境中的差别有限，在动态性较高的市场环境中，组织变革能力对技术创新绩效的促进作用没有明显提升。一个可能的解释是，适应环境的组织变革本身在一定程度上就是对市场环境变化的一种响应行为，市场动态性对适应环境的组织变革能力本身产生一定的直接影响，因此，当考察组织变革能力对技术创新绩效的影响时，市场动态性的调节作用被稀释或分散了，表现出不显著的检验结果。还可能因为，市场环境变化频率较高，技术机会感知能力和创新资源整合能力更能对此作出高效响应，企业一般不会通过实施组织变革对其作出响应，一般地，企业在市场环境变化幅度很大时才会实施组织变革，因此导致其调节作用不显著。

第七章　研究结论与研究启示

第一节　研究结论

一、本书的研究发现

通过对研究的系统论证和分析，本书主要有以下研究发现。

（一）网络关系对企业技术创新动态能力和技术创新绩效都有重要影响

本书在对网络关系各维度和技术创新动态能力各维度与企业技术创新绩效之间的关系进行理论分析的基础上，构建概念模型，提出研究假设。实证结果显示，网络关系的关系选择和关系利用维度以及技术创新动态能力各维度，对提升企业技术创新绩效均具有显著的正向作用。因此，从战略层面加强网络关系构建和技术创新动态能力培育，是提升企业技术创新绩效的有效途径。

基于对网络关系各维度和技术创新动态能力各维度之间关系的理论分析，提出了相应的研究假设。实证结果表明，网络关系各维度对技术创新动态能力各维度均产生正向作用。因此，良好的网络关系资源是构建技术创新动态能力的前提，特别是在当今开放式创新、竞争与合作融为一体（即竞合，co - mpet-ion = cooperation & competion）的技术和商业环境背景下，选择、维护和利用组织外部丰富的、互补的网络关系资源，对企业技术创新动态能力的培育和建设发挥着至关重要的作用。

同时，研究也发现，网络关系各维度对企业技术创新绩效的影响是有区别的，其中，网络关系维护对技术创新绩效的影响不太显著。这一结论表明，网络关系的选择相对于网络关系维护更重要，网络关系的好坏主要是在关系选择阶段决定的，好的网络关系意味着网络成员拥有互补的资源、共同的目标与利益、高度的信任基础，这样的网络关系在运行中，不用投入太多的维护成本，企业也能较好地利用网络关系为企业的技术创新服务。这一结论表明了网络关系选择的特别重要性。

（二）技术创新动态能力在网络关系与企业技术创新绩效之间具有中介作用

研究结果显示，技术创新动态能力各维度不仅对提升企业技术创新绩效有直接影响，而且对网络关系各维度与企业技术创新绩效之间的关系均具有完全或部分中介作用。具体地，技术创新动态能力各维度在网络关系选择、网络关系利用与技术创新绩效之间发挥部分中介作用，而在网络关系维护与技术创新绩效之间发挥完全中介作用。

上述结论表明，在加强网络关系构建的同时，加强技术创新动态能力建设也是重要的。尤其，技术创新动态能力各维度在网络关系维护与技术创新绩效之间的完全中介效应表明，尽管网络关系维护对企业技术创新绩效的直接影响不明显，但它在提升技术创新绩效中的作用也是不容忽视的，因为它是影响技术创新动态能力的显著因素，企业在网络关系维护上的投入会通过增强技术创新动态能力而对提升技术创新绩效产生作用。

（三）组织创新氛围对网络关系与技术创新动态能力之间的关系发挥正向调节作用

在当今开放式创新的时代，浓郁的组织创新氛围对外部创新资源转化为内部创新能力发挥至关重要的作用。实证结果表明，组织创新氛围对网络关系与技术创新动态能力之间的关系具有调节作用。组织创新氛围对网络关系选择、网络关系利用与技术创新动态能力各维度之间的关系，以及对网络关系维护与创新资源整合能力之间的关系具有正向调节作用。企业在把资源整合为能力的过程中，稀薄的组织创新氛围使组织无法对外部环境中的技术机会和市场机会进行有效的感知和识别、无法有效整合和利用组织内外各种创新资源、无法适时进行组织变革以适应动态的环境，所以无法构筑技术创新动态能力。而组织创新氛围越浓郁，越能有效激励管理者和员工进行创新，越能使组织及时捕捉环境中的技术机会和市场机会、有效整合和利用各种创新资源，适时实施组织变革以适应变化的环境，从而促进技术创新动态能力的构筑。因此，高水平的组织创新氛围能够促进网络关系对技术创新动态能力的正向影响。

（四）环境动态性对技术创新动态能力与企业技术创新绩效之间的关系发挥正向调节作用

实证结果显示，技术动态性对技术创新动态能力各维度与技术创新绩效之间的关系具有正向调节作用。在技术动态性不高时，技术创新动态能力所需的维护成本相对较高，因此，对技术创新绩效的促进作用不明显。但当技术动荡时，技术创新动态能力能持续地对环境的技术机会进行感知、识别和捕获，对相关的创新资源进行整合，必要时通过组织变革来推动技术创新，维持竞争优势。

实证结果显示，市场动态性正向调节技术机会感知能力、创新资源整合能力与技术创新绩效的关系，而在组织变革能力与技术创新绩效之间的调节效应不显著。当市场环境相对较平稳、顾客需求变化不大、市场竞争不激烈时，企业不太需要对环境中的机会和威胁进行感知和识别、不太需要整合各种创新资源、也不太需要实施组织变革，就能维持竞争优势，从而削弱技术机会感知能力、创新资源整合能力对技术创新绩效的影响。顾客需求变化大、市场竞争激烈等高市场动态性会增强技术机会感知能力、创新资源整合能力对技术创新绩效的影响。市场越动荡，组织对于环境中技术机会感知能力越强，整合组织内外各种创新资源的能力越强，越需企业及时响应市场从而适应环境变化，越利于维持竞争优势。

（五）企业竞争优势在内部条件与外部环境适当交互中产生

本书的理论与实证表明，网络关系与组织创新氛围的交互作用会影响企业技术创新动态能力，技术创新动态能力与环境动态性的交互作用会影响技术创新绩效。从这一研究结论可以推断，企业竞争优势是在组织内外部因素的相互作用中产生的。这一发现与战略管理理论演进的动态性相吻合。

20 世纪 80 年代初期，迈克尔·波特创立的竞争战略理论，把行业的竞争结构看成是企业竞争优势和经济利润的来源，这一理论虽然也认为企业的战略定位不能脱离企业的资源与能力，但它更加重视企业所处的外部市场环境对企业竞争优势的作用，强调的是企业对行业的选择和在行业中的市场定位。20 世纪 80 年代中后期，韦纳费尔特在《基于资源的企业观》中提出，企业的竞争优势和经济利润来源于企业特殊的资源与能力，这标志着资源学派的战略管理理论的形成。这一理论不同于迈克尔·波特的战略管理理论，它是从企业内部看待企业竞争优势的形成，强调企业内部资源与能力的重要性。20 世纪 90 年代形成的企业动态能力理论是在环境动态化的情况下，从资源学派的理论框架向外延伸而形成的一种新的战略管理理论，这一理论认为，在动态的市场环境中，企业的资源与能力不能一成不变，而应适应环境而动态演化。只有随环境变化而变革资源与能力，企业才可能保持竞争优势。显然，这一理论不同于以往理论，它更加强调组织内部条件和外部环境的综合作用对企业竞争优势的重要性。

本书对网络关系与组织创新氛围的交互作用的研究发现，以及技术创新动态能力与环境动态性的交互作用的研究发现，从一个新的侧面验证了企业动态能力的理论观点。

二、本书的主要创新点

（一）对网络关系的维度构成做出了新的界定

自从网络关系和组织创新氛围的概念被正式提出以来，学者们就从多个角度对两者的内涵和构成进行探讨。以往对网络关系内涵的研究存在定义过于模糊、割裂地强调网络关系某个维度、内涵界定和研究维度割裂，只是依据某个属性对其进行分类作为维度构成，并未弄清楚网络关系的内部系统构成等问题，本书在大量梳理社会网络和战略联盟等相关文献的基础上，系统、多维地对网络关系的内涵进行界定，强调了网络关系是组织的外部战略创新资源的基本属性。并结合之前相关学者对于网络关系和技术联盟的观点，依据网络关系的逻辑构建过程，进一步提出网络关系的关系选择、关系维护和关系利用等构成维度。本书把网络关系理论化为一个多阶段过程：网络关系选择、网络关系维护和网络关系利用，网络关系选择先于网络关系维护，网络关系维护先于网络关系利用。每个维度和阶段的质量都会影响网络关系对技术创新的作用。

（二）开发了网络关系、组织创新氛围和环境动态性的测量量表

本书遵照专家提出的量表开发步骤，运用演绎和归纳相结合的方法，开发网络关系、组织创新氛围和环境动态性的量表题项。对编制的初始问卷题项进行预调研，在预调研数据通过信度效度和因子分析后，确定最终的网络关系、组织创新氛围、环境动态性的测量量表题项，形成正式的调查问卷。

（三）从理论分析和实证角度检验了技术创新动态能力在网络关系与技术创新绩效之间的中介作用

本书建构了资源（外部网络关系）通过能力（技术创新动态能力）创造竞争优势（技术创新绩效）的模型，并通过了实

证检验。基于对网络关系、技术创新动态能力和技术创新绩效之间关系的理论分析，依据资源基础观提出三者关系的概念模型，探讨了网络关系和技术创新动态能力对技术创新绩效的影响。结果发现，网络关系选择和网络关系利用能够直接提升技术创新绩效，技术创新动态能力各维度能对技术创新绩效起到直接的促进作用，但是影响程度略有不同。影响技术创新动态能力的网络关系资源要素包括网络关系选择、网络关系维护和网络关系利用。然后，检验了网络关系通过技术创新动态能力提升技术创新绩效的中介效应。虽然当前已有学者关注网络关系对技术创新和动态能力的价值，但还没有形成系统的理论，且鲜有文献探究网络关系对技术创新动态能力的影响，对网络关系、技术创新动态能力、技术创新绩效三者之间关系的研究也多停留在理论层面。本书对它们之间的关系进行实证检验，填补了网络关系、技术创新动态能力在此领域的研究空白，为网络关系和技术创新动态能力对技术创新绩效的影响提供具有说服力和有价值的实证结论，进一步丰富了相关研究。

（四）探讨和验证了组织创新氛围在网络关系与技术创新动态能力之间、以及环境动态性在技术创新动态能力与技术创新绩效之间的调节作用

依据权变理论和吸收能力理论，动态能力在组织外部环境和组织内部条件交互中产生，组织氛围是影响动态能力的重要因素，本书将组织创新氛围组作为调节变量纳入研究模型，探讨组织创新氛围水平如何影响网络关系与技术创新动态能力的关系。依据研究结论，通过培育浓郁的组织创新氛围，网络关

系对技术创新动态能力的作用将得到强化，进一步丰富了从组织内部环境角度提升技术创新动态能力路径的实证探索。另外，依据能力产生竞争优势的作用条件，由于在企业与顾客之间起到最强连接关系的是技术和市场环境，故本书将环境动态性作为调节变量纳入研究范畴，通过对环境动态性的分类测量，进一步验证了技术和市场环境的动态性水平如何影响技术创新动态能力各维度与技术创新绩效的关系，丰富了从权变理论视角组织能力影响创新绩效的研究，进一步明确了组织能力产生竞争优势的条件。

第二节　研究启示

以上研究表明，企业应重视网络关系和技术创新动态能力在改善技术创新绩效中的作用，积极构建网络关系、培育技术创新动态能力，并通过营造浓郁的组织创新氛围，整合网络创新资源形成技术创新动态能力。而具有技术创新动态能力的企业，应依据环境动态性水平，充分发挥技术创新动态能力的作用，使企业获取可持续竞争优势。具体地，对企业管理实践提出以下对策建议。

一、企业应高度重视和积极建构网络关系

虽然大部分企业也意识到了网络关系的重要性，但由于资源培育和能力构建成本大、周期长，且网络关系对技术创新绩

效的作用缺乏具有说服力和有价值的实证研究支撑，未能引起相关企业和管理者的足够重视。本书在理论分析和实证研究相结合的基础上所得出的网络关系的研究结论，有力支撑了网络关系构建对促进企业技术创新动态能力和技术创新绩效具有重要的现实意义。

（一）从战略高度重视建构网络关系资源

资源基础观认为，资源是能力的基础，能力的形成基于资源的储备、整合和利用，而能力是竞争优势的来源。本书实证表明，网络关系显著影响技术创新动态能力。因此，网络资源是技术创新动态能力的重要基础。同时，实证结果显示，关系选择和关系利用能直接改善技术创新绩效。因此，在实践中，企业应从战略高度重视构建和利用网络关系，通过获取外部网络关系资源，提升技术创新动态能力和技术创新绩效水平。

网络关系的关系选择和关系利用维度对技术创新绩效有显著的直接影响，改善关系选择和关系利用质量是提升技术创新绩效的有效途径。网络关系的三维度是影响技术创新动态能力的主要因素。虽然网络关系维护对于改善技术创新绩效的作用在统计上不显著，但高质量的网络关系维护是网络关系利用的前提，而网络关系选择质量是网络关系维护和网络关系利用的保障。

首先，在网络关系选择方面，企业应选择研发人员、新产品、新技术数量和质量等研发实力较强的技术伙伴，这样的伙伴研发人员数量较大、研发经费投入较多、创新产品较多、技术在同行业中处于领先地位、具有较强的学习能力，企业与伙伴在技术合作中能直接获取所需的创新资源，或通过组织学习获取到重要的环境信息。企业应选择在行业中和社会上有良好口碑和信用的技术伙伴，这样，在技术合作中，伙伴能准时履行合同义务，使企业能及时获取创新资源以达到预期合作目标。企业应选择战略目标和文化兼容的伙伴，这样技术合作更顺畅，利于实现双赢或多赢。企业应选择双方资源和技术互补性强、核心技术与本企业业务需求较匹配的伙伴，这样企业从伙伴关系中能获取到最需要的互补技术，降低技术合作成本，最大化技术合作价值。总之，依据上述标准选择技术伙伴拉近了企业与产业前沿技术和市场的距离，便于对产业机会进行感知、识别和捕获，便于整合技术创新所需的内外部资源，进而对组织流程和运营惯例进行变革以敏捷地、正确地响应环境要求，开发和生产出符合技术趋势和顾客需求的新产品。

其次，在网络关系维护方面，企业应与技术伙伴双方均相信对方有能力履行合同约定的义务，相信对方都会按照合同约定履行各自义务，不会利用对方的弱点获取不当利益，保持较高的能力信任和意愿信任水平便于双方在更广范围和更深程度交换创新资源，彼此应愿意向对方开放知识和资源。在合作中，企业应和技术伙伴双方都投入大量研发经费、专用资产、技术和人才等，这种资源承诺和投入提升了双方信任水平，利于技术合作达到预期目标。企业应与技术伙伴双方都致力于改善合作关系，积极参与冲突解决，保证技术合作顺利开展和信息知识顺畅转移。企业应与技术伙伴经常进行各种正式和非正式交流，保证双方能准确传递和理解信息，进行有效沟通，营造亲密的关系氛围。维护高质量、安全而稳定的网络关系会影响技术合作功能的发挥，能促进互补性资源的流动，加强跨组织的学习，实现创新过程中知识和信息的传递、反馈和交互，高效而频繁的互动和合作能提高企业理解伙伴的能力，加深以知识为基础的信任，能有效促进知识转移。

最后，在网络关系利用方面，企业与技术伙伴双方应通过知识分享和价值共创实现合作价值。企业应和技术伙伴双方根据合作目标相互协商、共同制定和共同执行创新合作计划及其实现方案，共同承担合作过程中的责任和风险，便于维护双方稳定互惠的关系，及时实现合作目标。企业应和技术伙伴双方主动探讨技术合作相关问题，共同解决合作中的不良问题，甚至对共同创新所需技术进行专门的研发，这样既便于达成合作目标，又增强了组织学习。企业应和技术伙伴双方经常共享产品设计、技术流程、技术质量控制、技术难题突破等信息资料以及对市场和客户需求的理解和判断，既便于技术合作顺利进行，又利于企业获取环境信息。

（二）结合企业现实和技术目标强化网络关系构建

网络关系构建可以结合企业资源现状、网络关系现状、企业发展阶段、技术目标，合理把握，避免陷入"关系陷阱"。实践中，企业一边不断建立多元而广泛的外部联结以获得创新资源，一边挣扎于如何利用好这些复杂的外部联结以避免系统性风险。企业在借助网络关系获取资源时，一定要保持网络关系维护的适度性，将有限的时间和精力聚焦在识别优质资源（即网络关系选择）和有效避免网络锁定上，发挥"关系优势"，避免"关系陷阱"，从而获取更多优质资源。企业要注意维护和管理太多关系的成本可能超过知识创造的收益，经常出现的企业集体失明就因为伙伴间的高度信任。再者，由于伙伴间往往相互竞争，趋同可能使其更加保护自身知识，从而减少知识转移和知识创造，企业应关注网络伙伴资源和技术多样性，即选择异质性的网络关系伙伴。因此，企业需根据自身实际情况构建柔性的网络关系，网络柔性体现在正式网络和非正式网络的形式柔性，短期、中期和长期的时间柔性，本地知识网络和超本地知识网络的地域柔性，强连带和弱连带的强度柔性，企业内部链和跨组织供应链的供应链柔性等方面。另外，企业应将内部技术开发和外部技术获取视为互补而不是替代。技术获取组合对于实现创新绩效的价值是内外部知识结合最有可能导致产品和工艺创新，强大的内部资源有助于更好地整合外部知识。实际上，企业外部资源获取能力是刺激内部创新投入的关键因素，能有效提升内部创新投入。内部资源有助于辨识有价值的外部知识，但也可能导致过于关注自身知识基。因此，企业需要深入研究内外部技术获取的互补关系，平衡相似知识库强化与互补知识库创新的悖论。现实中，企业存在多种外部技术搜寻战略，需要进行甄别、决策和整合，外部网络关系转化为企业内部能力才能充分提升技术创新绩效。

网络关系和技术创新绩效的关系研究结论表明，企业可通过构建网络关系提升技术创新绩效。其中，网络关系选择和网络关系利用对技术创新绩效具有直接促进作用，网络关系维护对技术创新绩效的促进需要通过技术创新动态能力才能实现。因此，企业可以结合自身资源状况，有重点、有计划地统筹构建网络关系。在网络关系和技术创新动态能力的关系研究中，虽然网络关系各维度对技术创新动态能力各维度均有显著促进作用，但影响程度有所不同，企业可结合行业特点、产业环境、发展阶段和规模大小等具体情境，有针对性地构建网络关系，适时实施网络关系构建战略。在市场需求有规律可循且与原有技术范式脱离不大的行业中，技术扫描对于渐进式创新更为重要，企业依靠"跟随—模仿—赶超"路径就可保持和提升渐进式技术创新绩效，此时，技术机会感知能力和创新资源整合能力的作用可能更为突出，这需要企业重点通过网络关系维护和网络关系利用促进企业发展。而在新技术、新理念等颠覆性的科技和产品频繁出现，需要新技术、新理念和丰富的创新资源来对现有技术和现有产品进行替换，开辟全新市场的行业环境中，则更需要企业加强适应环境的组织变革能力来适应剧烈变革，可能企业重点通过网络关系选择和网络关系利用来促进企业变革。在供应链上，与客户和最终用户的垂直整合可积极影响高科技企业的激进式创新，与供应商合作会带来更多激进式创新，而与客户合作会带来更多渐进式创新。企业选择网络关系伙伴时，向相似知识的联盟伙伴学习可深化知识，而向不相似知识的联盟伙伴学习可拓宽知识。处在不同技术创新阶段的企业网络关系各维度对技术创新能力的影响不同。随着企业从模仿复制、创造模仿演进到自主创新、较高技术创新阶段，关系选择的重要性更加突出，关系强度等关系维护质量在模仿复制阶段最为重要，而关系利用在各个阶段都很重要。在发展阶段和规模方面，初创企业和中小企业更应注重构建网络关系，网络关系在中小企业开放式创新中扮演着重要角色，规模小使得中小企业无法覆盖实现开放式创新所需的所有创新活动，其创新往往需要跨边界因素，有一个外部创新源。中小企业高管的个人关系往往嵌入其经济行为中。中小企业即使能建立强大的外部关系，往往也缺乏支持外部关系所需的内部能力。还要注意，由于中小企业可能过于依赖网络关系，关系还可能成为创新障碍，从而丧失机会。即使中小企业拥有强大的组织关系，往往也很难充分利用这些关系。

二、利用外部网络关系提升企业内部技术创新动态能力

本书实证表明，技术创新动态能力对组织创新非常重要，决定了企业能否在动荡环境中不断整合内外部创新资源，完善资源基础，重构组织流程与惯例以响应环境。企业应充分利用网络关系资源提升技术创新动态能力。在技术机会感知能力的培育中，可通过网络关系选择和网络关系利用，加强对环境中技术机会和威胁等信息的搜寻、辨识、筛选和捕获。具体地，企业选择科研实力雄厚、信誉良好、双方战略目标和文化兼容、资源技术互补、数量多、类型丰富的技术伙伴，和伙伴共享产品设计、技术流程、技术质量控制、技术难题突破等信息，以及对市场和客户需求的理解和判断，通过技术合作和组织学习，企业能从伙伴身上直接获取丰富的产业前沿技术趋势和市场信息，这些信息能启发企业再思考和深加工以捕获和利用技术机会，从而培育技术机会感知能力。创新资源整合能力的构建可通过网络关系维护和网络关系利用进行。企业与技术伙伴建立信任关系使对方愿意分享资源，增加获取准确的、完整的、深度的信息的机会，为应对可能发生的机会主义行为建立相应的

防范机制，加强建设技术伙伴监督机制和信任机制；和技术伙伴建立频繁的、强烈的、互惠的、亲密的互动以获得第一手经验来学习创新需要的隐性知识和复杂知识；和技术伙伴在技术合作中共享知识和共同解决问题能促进更大程度、更深层次的知识资源的交换、获取、整合和转化。网络关系维护和网络关系利用能帮助企业获取环境信息、财务、技术、品牌和渠道等资源，进而实现知识的转移、吸收、整合和创造。对于组织变革能力的提升，企业可充分发挥网络关系选择的价值，整合从选择的技术伙伴处获得的信息知识等创新资源重构资源基础和流程惯例，网络关系使企业感知到丰富的技术和市场信息，通过创新资源整合和组织学习等机制实现内外部创新资源的必要转换，为利用技术机会适时进行组织重构，以及时推出符合顾客需求的新产品。发挥网络关系维护的价值，维护与技术伙伴高质量的网络关系，使企业在技术机会感知和捕获方面嗅觉更为敏感、眼光更为敏锐、行为更为敏捷，这些提升了对外部环境的洞察力，有助于调整和变革组织结构、营造创新文化、实施技术革新以响应环境变化。

三、培育浓厚的组织创新氛围，完善创新激励制度

实证结果表明，组织创新氛围在网络关系促进技术创新动态能力培育的过程中发挥着重要的正向调节作用。技术创新动态能力的发展程度和发展速度对组织创新氛围有着极强的依赖性。但在企业管理实践中，组织创新氛围的价值往往没得到足够重视。因此，应培育浓郁的组织创新氛围，持续构建能促进

组织创新氛围培育的组织政策、组织制度和组织文化。

首先，在组织政策氛围方面。企业的重大决策严格遵守决策程序和制度，有适当的程序来迅速利用技术和市场机会以实现组织目标。企业中政治因素如获取或保护权力对组织决策的影响程度较小，高级管理者欢迎员工参与决策，保证管理人员和员工晋升、利益分配、绩效评估、招聘和解雇、任务安排、预算分配、信息共享、设备配置和运营方式、组织结构设计等重要决策主要受技术因素而不是政治因素的影响。创新应是企业战略的重要组成部分，企业的使命、愿景和战略目标明确且富开拓性，持续适时提出新目标和新思路。企业不排斥组织结构或流程发生变化，试图在所在行业率先尝试新的方法和设备，重视新资源的开发和利用，成员总在寻找新的方式方法对产品创新和技术创新等工作进行持续改善，依据技术预测进行新产品开发的资金投入。面对竞争对手时企业不能总是采取应对行动而应积极主动地发起进攻，持续积极开展相关活动以招聘到工程和生产方面最合格的技术人员和营销人员。

其次，在组织制度氛围方面。创新激励制度方面，企业对员工研发和技术创新方面取得的成就给予的奖金分红等物质激励制度以及荣誉授予等精神激励制度对激励技术人员的创新活动能起到良好的作用。企业绩效评估体系中明确标识有与创新相关的指标，能对员工的创新成果给予公正合理的绩效评价，使具有创新精神的员工更易得到重用和提拔。企业经常举办培训、工作坊、参观学习、专题论坛和技术研讨等活动，为员工提供持续的职业生涯发展的机会和平台。企业评选并表彰创新先进个人和团队，及时传播其事迹、成果和经验，公开承认富有创新精神的人，通过经验介绍、宣传报道等方式扩大创新榜样的影响力，树立创新典型，鼓励大家向他们学习。组织资源支持方面，企业员工可以通过正常程序自由获取和运用与创新工作和创新项目开发相关的充分的信息、情报、专家知识等资源支持，随时可以得到发展新思想方面的援助，可以通过正常程序自由获取和运用与创新工作和创新项目开发相关的充分的资金、人员、设备器材、空间场地等资源支持，如企业设计有团队成员讨论和举行公开会议的空间。

最后，在组织文化氛围方面。失败容忍方面，企业容忍模糊性和不确定性，技术人员不担心因创新失败或错误而受到人们的嘲笑和打击，在执行创新计划时未达到预期效果是可以接受的。企业倡导进行新的尝试，不论意见来自何处，鼓励不同的想法及建议，视错误与过失为学习的机会，宽容因创新失败带来的损失。企业富有市场竞争激情，始终力求在创新上比竞争对手领先一步，不断强调勇于超越的信念，鼓励员工尝试富有创意的工作方法。上级支持方面，企业上级对待同事一视同仁，员工能感受到上级的信任，可在熟悉的领域大胆开拓新局面，上级允许、尊重甚至鼓励下属表达各种新观点、不同建议意见以改善组织作业或服务，上级是创新催化者，会支持和协助下属实现工作上的创意，希望员工创造性地工作，甚至上级本身就是很好的创新典范。同事支持方面，当员工在工作中提出有用的新点子以及尝试使用新技术、新方法时，同事们会表示赞许甚至加入，内部团队的创新活动能合理分工和开放合作，同事之间能相互支持和协助。工作自主性方面，企业允许多元化的个人风格，不扼杀工作方法不同者，使员工有空余时间开发创意和从事创新，在工作日可给员工自由时间去追求创造性的想法，执行创新项目员工有一定的自由度，有权利决定工作中的大部分事情，如工作方法、工作进度等。企业创新工作安排应充分发挥员工的工作潜能，使员工拥有成就感。另外，企业降低组织结构的正式化和集中化，鼓励员工自由充分沟通，企业的工作氛围充满活力，员工完成工作不需要通过诸多繁文缛节，成员尽管从事不同项目但可以开放沟通，同事们乐意和他人分享自己的经验和技术，员工表现出幽默感，管理者和员工之间以及员工之间的情感关系不紧张。培育组织创新氛围要注意合理规避对失败容忍度太高可能带来组织资源浪费，员工工作自主性程度太高可能给企业带来模糊性和混乱，偏离组织战略目标。

四、积极建构内外部搜寻系统，提升对环境的洞察和辨识

本书证实，环境动态性在技术创新动态能力与技术创新绩效的关系中发挥重要的调节作用，所以企业应采取前瞻性的组织行为来应对日益动荡的经营环境。通过开发有效的信息系统来监控、预测和洞察环境的变化，从企业内外部信息源收集和分析信息，识别创造新市场的潜在新技术以及满足当前和未来需求具有增长潜力的技术，识别技术的技术潜力和经济潜力。借助技术和市场预测、技术和市场机会的早期发现、专利分析、形态学分析、文本挖掘、技术和市场情报等方法来发现环境中的机会，在机会和威胁识别中尤其要重视情报在信息捕获和信息传递中的作用。建立健全信息捕获和信息传递制度，通过信

息的搜寻、收集、分类、筛选、存储和检索等数据处理过程进行信息捕获。建立广阔的交流渠道，及时掌握环境信息，增强对环境信息的搜索广度和搜索强度，借助大数据和云计算等方式，通过定期的信息交流制度和信息能力培训等提升信息的交流和甄别质量和效率，通过信息的分析、记录、解释、解密、传播等智能通信过程在企业内部以及企业与外部环境之间进行信息交流。培育员工的信息意识和信息处理能力，提高管理者的决策质量，重视环境信息的战略应用，结合战略意图，依据识别到的机会和威胁对商业模式等组织要素进行适时调整和创新，创造先发优势，保持可持续的创新优势。

第三节　研究局限与研究展望

一、研究局限

本书运用理论研究和实证分析相结合的方法对网络关系、技术创新动态能力和技术创新绩效之间的作用机制进行了探讨。尽管本书在选题和相关研究设计方面力求科学客观，也基本达到了预期的研究目标，并取得了一些有价值的研究结论，但受研究时间、研究经费、个人知识积淀、认知能力、学术洞察和学术视野所限，仍可能存在以下不足之处。

（一）变量测度的局限

对于网络关系的构成维度和测量目前尚处于探索阶段，本书试探性地把网络关系分为网络关系选择、网络关系维护、网络关系利用三个构成维度，并从此三维度对网络关系进行测量。在网络关系维度构成方面，可能仍存在着会对技术创新绩效和技术创新动态能力产生影响的其他构成维度和其他关系因素。同时，由于量表开发基于对现有相关文献的梳理和个人所能接触到的企业的调研，可能受文献掌握和信息调研的局限，存在待完善之处。另外，本书对于变量的测度使用了主观问卷数据，但主观数据有其局限性。例如，技术创新绩效的测度国际上普遍使用专利数据，但是专利方法也有局限性。比如，由于一些发展中国家的市场经济并不完善、国企或机密性企业并不偏好把创新成果申请专利等原因，导致一些创新成果未能在专利上得以体现。技术创新绩效测度较好的办法是主观数据和客观数据相结合，如果能获取到企业新产品占总销售额的比重这一客观数据，则是非常好的测度创新绩效的方法。

（二）样本数据的局限

本书花费大量时间和精力对问卷进行发放和回收，调研题项与样本量达到了 1:7 的比例，具有一定的代表性，并通过了信度和效度检验。但由于问卷调查研究方法本身在获取大样本数据方面的困难及其他条件的限制，导致样本数据在统计抽样中的随机性和广泛性还不足，数据地区分布具有一定程度的集中性，需要在未来研究中进一步完善。

（三）控制变量的局限

本书为达到缩小研究范围、更加精确、更有针对性对研究问题进行研究的目的，将技术密集型制造企业和软件开发类服务企业作为主要研究对象。为了提升研究结果的准确性，本书将成立年限、员工规模和销售额作为控制变量，但仍然可能存在其他对研究产生影响的因素，如企业所处的细分行业、企业的产权性质、战略导向等。因此，考虑更多控制变量的影响，是未来研究需要进一步完善的工作。

二、研究展望

受主客观条件限制，本书仍存在以下几个问题需在未来通过广泛深入的后续研究进行完善。

（一）企业网络关系和技术创新动态能力的形成机理研究方面

对于企业网络关系和技术创新动态能力的形成机理的研究，是有效发挥网络关系和技术创新动态能力的价值的基本前提。为此，需要进一步对网络关系和技术创新动态能力的前因变量以及相关变量之间的作用机理进行探索。

（二）企业成长阶段对网络关系和技术创新的影响研究方面

本书对网络关系和技术创新的研究没有深入考虑企业不同成长阶段的影响，特别是技术创新动态能力构建和作用发挥中。未来需考量这一因素，获取相应的面板数据研究其对企业技术创新绩效的影响。

（三）企业战略导向、技术创新的类型对网络关系、技术创新的影响研究方面

本书对网络关系和技术创新的研究没有考虑企业战略导向（如技术或市场导向）的影响，而不同的战略导向会对技术创新产生影响。未来研究可对这一因素进行考量，获取相应数据，研究其对技术创新绩效的影响。另外，当今在贸易摩擦背景下，

中国企业自主创新的呼声渐高。如果考虑技术创新的类型（如探索式创新和利用式创新），探索本书主要变量间的关系可能会有新的发现。

（四）纵向时间序列数据剖析本书的作用机理方面

结合企业不同成长阶段，本书主要变量之间的关系和作用机制可能会发生变化。在未来研究中，需获取纵向大样本时间序列数据。使用问卷数据时，在不同时期分别获取自变量、中介变量、因变量、调节变量数据，对它们之间的动态作用机制进行深入研究。同时，充分考虑组织创新氛围的影响，可能会产生更为细化、更具指导意义的研究结论。

（五）构念不同维度交互作用的影响研究方面

构念各维度之间的关系具有动态相关性，例如，网络关系三维度如何通过交互作用影响技术创新动态能力和技术创新绩效是今后研究中需进一步关注的。因此，如何将各变量的维度整合在一起，揭示它们之间的交互作用及对其他变量的影响，是今后可以进行深入探讨的问题。

（六）从不同视角或采取不同方法进一步对企业网络关系相关问题进行探索方面

未来对本书实证研究未得到验证的部分，可通过改变概念模型、增大或改变样本发放区域、扩大样本容量等方式继续深入探讨。通过对一个或几个典型企业（如华为等）的案例研究和长期跟踪调查，进一步探索和深挖本书主要变量间的关系及作用机理。

附　录

企业网络关系对技术创新绩效的影响
机理调查研究问卷

尊敬的女士/先生:

　　您好!

　　感谢您拨冗填写这份问卷。问卷所得全部资料仅供学术研究之用,用于研究企业网络关系对技术创新绩效的影响,问卷由企业中高层管理人员或核心技术人员匿名填写,所有信息我们都将严格保密。请您根据所在企业的实际情况放心客观填写。您的回答对我们的研究非常重要! 衷心感谢您的参与! 祝您工作顺利,万事如意!

中南财经政法大学工商管理学院

　　第一部分　基本信息 (1～2 填写,3～11 将所选题项标红或打"√")

　　1. 企业名称 _____

　　2. 企业位于_____省_____市

3. 企业产权性质:

□ 国有 　　　　　 □ 民营 　　　　 □ 三资—外资控股

□ 三资—内资控股 □ 集体 　　　　 □ 其他

4. 企业所属行业:

□ 电子电气 　　 □ 机械 　　　 □ 医药

□ 冶金 　　　　 □ 材料 　　　 □ 能源

□ 化工 　　　　 □ 软件与通信

□ 交通运输设备及零配件制造 　　 □ 装备及零配件制造

□ 其他(请注明)

5. 企业成立年限为:

□ 5 年以下 　　 □ 5 ~ 10 年 　 □ 11 ~ 20 年

□ 21 ~ 30 年 　 □ 30 年以上

6. 企业员工规模:

□ 50 人以下 　　 □ 51 ~ 100 人 □ 101 ~ 500 人

□ 501 ~ 1 000 人 □ 1 000 人以上

7. 企业近两年年均销售额约为(元):

□ ＜ 100 万 　　　　　　 □ 100 万 ~ 300 万

□ 300 万 ~ 1 000 万 　　 □ 1 000 万 ~ 3 000 万

□ 3 000 万 ~ 1 亿 　　　 □ 1 亿 ~ 3 亿

□ 3 亿 ~ 10 亿 　　　　　 □ 10 亿 ~ 50 亿

□ 50 亿 ~ 100 亿 　　　　 □ 100 亿以上

8. 您的性别:

□ 男 　　　　　　　　　　 □ 女

9. 您在企业的职位:

□ 董事长或总经理 　　　　 □ 技术副总经理

□ 营销副总经理　　　　　□ 技术部经理

□ 销售部经理　　　　　　□ 核心技术人员

□ 其他

10. 您的学历：

□ 大专及以下　　　□ 本科　　　　□ 硕士

□ 博士

11. 您在本企业工作的年限：

□ 1 年以下　　　　□ 1 ~ 3 年　　　□ 3 ~ 5 年

□ 6 ~ 10 年　　　　□ 10 年以上

第二部分　企业网络关系情况调查（请您根据所在企业的实际情况，在最为接近的数字下打"√"）

序号	题项	非常不符合	不符合	稍不符合	中立	稍微符合	符合	非常符合
		1	2	3	4	5	6	7
12	本企业主要技术伙伴的研发人员、新产品、新技术的数量和质量等研发实力较强							
13	本企业主要技术伙伴能准时履行合同义务，在行业中和社会上有良好的口碑和信用							
14	本企业与主要技术伙伴目标同时实现可能性较大，双方目标互利性较大							
15	本企业主要技术伙伴的技术创新有利于本企业产品和技术的改进							
16	本企业与主要技术伙伴的资源和技术差异性大且互补性强，技术伙伴的专长与本企业的业务需求较匹配							

序号	题项	非常不符合	不符合	稍不符合	中立	稍微符合	符合	非常符合
		1	2	3	4	5	6	7
17	本企业与主要技术伙伴双方均相信对方有能力履行合同约定的义务							
18	本企业与主要技术伙伴都会按照合同约定履行各自义务，不会利用对方的弱点获取不当利益							
19	本企业与主要技术伙伴在合作中都投入了大量研发经费、专用资产、技术和人才等							
20	当冲突发生时，本企业与主要技术伙伴双方高管参与冲突解决，双方都致力于合作关系的改善							
21	本企业与主要技术伙伴经常进行各种正式和非正式交流，双方能准确传递和理解信息，沟通有效							
22	本企业与主要技术伙伴能根据合作目标共同制定创新合作计划和方案							
23	本企业与主要技术伙伴共同执行创新合作计划，共同承担合作过程中的责任和风险							
24	本企业与主要技术伙伴双方会主动探讨技术合作中相关问题，共同解决合作中的不良问题							
25	本企业与主要技术伙伴双方会对共同创新需要的技术进行专门的研究和开发							
26	本企业与主要技术伙伴经常共享产品设计、技术流程、技术质量控制、技术难题突破等信息资料							
27	本企业与主要技术伙伴经常共享对市场和客户需求的理解和判断							

第三部分　技术创新动态能力情况调查（请您根据所在企业的实际情况，在最为接近的数字下打"√"）

序号	题项	非常不符合	不符合	稍不符合	中立	稍微符合	符合	非常符合
		1	2	3	4	5	6	7
28	本企业频繁考察和评估环境变化对顾客的影响							
29	本企业管理者和技术人员能较好地洞察技术变化							
30	企业经常开展市场调研，及时了解顾客需求变化							
31	本企业定期吸收新的信息、知识和技术，将个人能力整合为组织能力							
32	本企业有多种渠道吸收和利用外部技术知识							
33	本企业各部门员工都有适当途径参与组织创新							
34	本企业能适时获取和利用外部研发资金、样品制造等创新资源将创新成果产业化							
35	本企业经常和其他组织开展联合创新							
36	本企业能根据新技术或新产品特点选择合适的战略和产业化模式							
37	本企业能根据新技术要求适时改变决策规则							
38	本企业能根据创新项目要求适时授予创新者较多决策权							
39	本企业能为创新成果产业化建立适宜的治理机制							

第四部分　技术创新绩效情况调查（请您根据所在企业的实际情况，在最为接近的数字下打"√"）

序号	题项	非常不符合	不符合	稍不符合	中立	稍微符合	符合	非常符合
		1	2	3	4	5	6	7
40	与同行业其他企业相比，本企业开发的新产品数量较多							
41	与同行业其他企业相比，本企业开发的新技术数量较多							
42	与同行业其他企业相比，本企业新产品销售额占销售总额的比重较大							
43	与同行业其他企业相比，本企业推出新产品的速度较快							

第五部分　组织创新氛围情况调查（请您根据所在企业的实际情况，在最为接近的数字下打"√"）

序号	题项	非常不符合	不符合	稍不符合	中立	稍微符合	符合	非常符合
		1	2	3	4	5	6	7
44	本企业的绩效评估体系中明确标识有与创新相关的指标，对员工的创新成果能给予公正合理的绩效评价							
45	本企业的奖金、晋升、荣誉等激励措施对员工技术创新有良好的激励作用							
46	本企业员工可以通过正常程序获取创新所需的信息知识以及资金、设备、时间、空间等物质资源							
47	本企业容忍创新的模糊性和不确定性，宽容创新未达到预期效果及失败带来的损失							

序号	题项	非常不符合	不符合	稍不符合	中立	稍微符合	符合	非常符合
		1	2	3	4	5	6	7
48	本企业上级允许、尊重甚至鼓励下属表达自己的观点，支持下属实现工作创新							
49	本企业的组织结构鼓励员工自由开放合作，员工完成创新工作不需经过诸多繁文缛节							
50	本企业接受多元的个人风格和不同的工作方法，员工在执行创新项目时有一定自由度							

第六部分　环境动态性情况调查（请您根据所在企业的实际情况，在最为接近的数字下打"√"

序号	题项	非常不符合	不符合	稍不符合	中立	稍微符合	符合	非常符合
		1	2	3	4	5	6	7
51	本企业所在主导产业中企业技术更新换代很快							
52	未来几年，本企业所在主导产业的技术变革难以预测							
53	本企业所在主导产业的技术变革激发并实现大量新产品创意							
54	本企业所在行业客户需求偏好经常变化							
55	本企业所在行业产品更新很快							
56	本企业所在行业竞争十分激烈							
57	本企业所在行业面临政治、经济、社会等宏观环境变化产生的压力							

参考文献

［1］安舜禹，蔡莉，单标安．新企业创业导向：关系利月及绩效关系研究［J］．科研管理，2014，35（3）：66－74.

［2］包凤耐．企业关系资本、网络能力对知识转移和创新绩效的影响研究［D］．天津：天津财经大学，2014.

［3］宝贡敏．战略联盟关系资本的建立和维护［J］．研究与发展管理，2004，16（3）：9－14.

［4］宝贡敏，龙思颖．企业动态能力研究：最新述评与展望［J］．外国经济与管理，2015，37（7）：74－87.

［5］陈劲，陈钰芬．企业技术创新绩效评价指标体系研究［J］．科学学与科学技术管理，2006，27（3）：86－91.

［6］蔡宁，潘松挺．网络关系强度与企业技术创新模式的耦合性及其协同演化——以海正药业技术创新网络为例［J］．中国工业经济，2008，27（4）：137－144.

［7］财政部统计评价司．企业效绩评价问答［M］．北京：经济科学出版社，1999：7.

［8］陈夙．企业家社会资本、动态能力与技术创新绩效的关系研究［D］．杭州：浙江工商大学，2016.

［9］曹兴，龙凤珍．技术联盟伙伴选择因素与联盟绩效的

关系研究［J］．软科学，2013，27（6）：53－58.

［10］董保宝，葛宝山．新创企业资源整合过程与动态能力关系研究［J］．科研管理，2012，33（2）：107－114.

［11］杜健，周超．母国网络关系嵌入性与企业跨国动态能力——来自中国的经验证据［J］．外国经济与管理，2018，40（4）：43－55.

［12］杜俊义，熊胜绪，王霞．中小企业动态能力对创新绩效的影响——基于环境动态性的调节效应［J］，科技管理研究，2017（1）：25－31.

［13］董平，周小春．技术并购、吸收能力与企业技术创新动态能力——来自创业板上市公司的证据［J］．科技管理研究，2018，38（7）：34－40.

［14］党兴华，王幼林．技术创新网络中核心企业合作伙伴选择过程研究［J］．科学学与科学技术管理，2007，28（1）：139－144.

［15］方杰，温忠麟，张敏强，等．基于结构方程模型的多层中介效应分析［J］．心理科学进展，2014，22（3）：530－539.

［16］冯军政，魏江．国外动态能力维度划分及测量研究综述与展望［J］．外国经济与管理，2011，34（7）：26－33，57.

［17］傅家骥，仝允桓，高建．技术创新学［M］．北京：清华大学出版社，1998.

［18］高建，汪剑飞，魏平．企业技术创新绩效指标：现状、问题和新概念模型［J］．科研管理，2004，25（A1）：14－22.

［19］耿新，张体勤．企业家社会资本对组织动态能力的影响——以组织宽裕为调节变量［J］．管理世界，2010，26（6）：

109 – 121.

[20] 官建成，史晓敏．技术创新能力和创新绩效关系研究 [J]．中国机械工程，2004，15（11）：60 – 64.

[21] 顾远东，彭纪生．组织创新氛围对员工创新行为的影响：创新自我效能感的中介作用 [J]．南开管理评论，2010（1）：30 – 41.

[22] 韩馥冰，葛新权．创新联盟知识互补、冲突与创新绩效 [J]．现代经济探讨，2012（10）：89 – 92.

[23] 黄昌富，李蓉，张雄林．开放式创新、技术创新动态能力与企业经营绩效——基于上市 IT 家族和非家族企业的对比研究 [J]．商业研究，2015，57（9）：98 – 107.

[24] 黄俊，王钊，白硕，等．动态能力的测度：基于国内汽车行业的实证研究 [J]．管理评论，2010，22（1）：76 – 81.

[25] 胡恩华．企业技术创新绩效的综合模糊评价及其应用 [J]．经济管理，2002，24（10）：54 – 57.

[26] 黄江圳，谭力文．从能力到动态能力：企业战略观的转变 [J]．经济管理，2002，24（22）：13 – 17.

[27] 黄培伦，尚航标，王三木，等．企业能力：静态能力与动态能力理论界定及关系辨析 [J]．科学学与科学技术管理，2008，29（7）：165 – 169.

[28] 焦豪．双元型组织竞争优势的构建路径：基于动态能力理论的实证研究 [J]．管理世界，2011，27（11）：76 – 91，188.

[29] 焦豪，魏江，崔瑜．企业动态能力构建路径分析：基于创业导向和组织学习的视角 [J]．管理世界，2008，24（4）：

91 – 106.

［30］（美）杰弗里·A. 迈尔斯（Jeffrey A mills）. 管理与组织研究必读的 40 个理论［M］. 徐世勇，李超平，译. 北京：北京大学出版社，2017.

［31］金盛华，郑建君，丁洁. 组织创新气氛的概念、测量及相关研究热点［J］. 心理学探新，2008（3）：67 – 72.

［32］简兆权，刘荣，招丽珠. 网络关系、信任与知识共享对技术创新绩效的影响研究［J］. 研究与发展管理，2010，22（2）：64 – 71.

［33］康健. 集群企业双重关系嵌入、动态能力及创新绩效关系研究［D］. 杭州：浙江工商大学，2015.

［34］李大元，项保华，陈应龙. 企业动态能力及其功效：环境不确定性的影响［J］. 南开管理评论，2009（6）：60 – 68.

［35］李刚，李随成，杨洵. 供应商网络粘性、动态能力与产品创新的关系研究［J］. 科技管理研究，2014（7）.

［36］李金凯，刘钒. 网络嵌入性对小微企业动态能力的驱动效应研究［J］. 科学决策，2015（10）：82 – 94.

［37］李文丽，杨吉生. 网络关系、知识匹配与后发企业技术创新的协同演化——基于修正药业的案例分析［J］. 情报科学，2018，36（6）：95 – 99.

［38］李兴旺. 动态能力理论的操作化研究：识别、架构与形成机制［M］. 北京：经济科学出版社，2006：72.

［39］李兴旺，王迎军. 企业动态能力理论综述与前瞻［J］. 当代财经，2004（10）：103 – 106.

［40］李勇，史占中，屠梅曾. 知识网络与企业动态能力

[J]．情报科学，2006，24（3）：434－438.

[41] 李志春，李海超．中国高技术产业技术创新动态能力演化研究 [J]．科技管理研究，2019，39（9）：186－191.

[42] 林向义，张庆普，罗洪云．知识创新联盟合作伙伴选择研究 [J]．中国管理科学，2008，16（A1）：404－408.

[43] 林义屏，黄俊英，董玉娟．市场导向，组织学习，组织创新与组织绩效间关系之研究：以科学园区信息电子产业为例 [J]．管理评论，2004，23（1）：101－134.

[44] 刘谷金．企业动态能力与企业绩效结构关系研究 [J]．湖南科技大学学报（社会科学版），2011（4）：63－67.

[45] 刘海建．基于中国情境的"关系"研究：一个整合分析 [J]．南京师大学报（社会科学版），2014（3）：53－64.

[46] 刘衡，王龙伟，李垣．社会资本与企业绩效关系的中介效应研究 [J]．预测，2010，29（4）：17－23.

[47] 刘海运．企业动态技术创新能力提升机理研究 [J]．湖南商学院学报，2010（5）：52－55.

[48] 刘友金，刘洪宇．企业技术创新效果的模糊综合评价模型设计及其应用 [J]．系统工程，2000，18（6）：38－43.

[49] 刘蕴．社会网络关系嵌入过度与企业资源获取：双中介模型 [J]．企业经济，2018，37（4）：36－41.

[50] 罗珉，何长见．组织间关系：界面规则与治理机制 [J]．中国工业经济，2006（5）：87－95.

[51] 罗珉，刘永俊．企业动态能力理论架构与构成要素 [J]．中国工业经济，2009（1）：75－86.

[52] 龙思颖．基于认知视角的企业动态能力及其绩效研究

［D］．杭州：浙江大学，2016.

［53］罗仲伟，任国良，焦豪，等．动态能力、技术范式转变与创新战略——基于腾讯微信"整合"与"迭代"微创新的纵向案例分析［J］．管理世界，2014，30（8）：152 – 168.

［54］卢燕，汤建影，黄瑞华．合作研发伙伴选择影响因素的实证研究［J］．研究与发展管理，2006，18（1）：52 – 58.

［55］孟晓斌，王重鸣，杨建锋．企业动态能力理论模型研究综述［J］．外国经济与管理，2007，29（10）：9 – 16.

［56］马晓芸，何红光．网络关系嵌入对中小企业技术创新绩效的影响——考虑知识获取的中介作用［J］．技术经济，2015，34（7）：13 – 17.

［57］裴云龙．产学科学知识转移对企业技术创新绩效的影响效应研究［D］．西安：西安交通大学，2017.

［58］邱均平，许丽敏，陈瑞．社会网络视角下企业内部知识共享机制研究［J］．图书情报工作，2011，（10）：25 – 29.

［59］钱燕云．企业技术创新效率和有效性的综合评价研究［J］．科技管理研究，2004，24（1）：51 – 53.

［60］芮正云，庄晋财．农民工创业者网络能力与创业绩效关系：动态能力的中介效应［J］．财贸研究，2014，25（6）：30 – 37.

［61］（美）史密斯（Smith K G），（美）希特（Hitt，M A）．管理学中的伟大思想：经典理论的开发过程［M］．徐飞，等译．北京：北京大学出版社，2016.

［62］宋超．跨组织合作企业的知识共享与保护机制研究［D］．长春：吉林大学，2015.

［63］施放，王静波，蒋天颖．企业社会网络关系嵌入对技术创新能力影响的实证研究——基于不同技术创新阶段的视角［J］．浙江社会科学，2014（1）：79－86，95，157．

［64］单红梅．企业技术创新绩效的综合模糊评价及其应用［J］．科研管理，2002，23（6）：120－124．

［65］苏敬勤，刘静．复杂产品系统中动态能力与创新绩效关系研究［J］．科研管理，2013，34（10）：75－83．

［66］苏云霞，孙明贵．企业外部互补性资产及其管理能力研究［J］．浙江工商大学学报，2013（4）：64－71．

［67］谈盼盼．关系资本、关系维护对企业R&D合作绩效的影响研究［D］．武汉：华中科技大学，2015．

［68］田雪，司维鹏，杨江龙．网络嵌入与物流企业服务创新绩效的关系——基于动态能力的分析［J］．技术经济，2015，34（1）：62－68．

［69］王昌林．创新网络与企业技术创新动态能力的协同演进——基于系统动力学的分析［J］．科技管理研究，2018，38（21）：1－10．

［70］王进富，魏珍，刘江南，等．以企业为主体的产学研战略联盟研发伙伴选择影响因素研究——基于3C理论视角［J］．预测，2013，32（4）：70－74，80．

［71］王青云，饶扬德．企业技术创新绩效的层次灰色综合评判模型［J］．数量经济技术经济研究，2004，21（5）：55－62．

［72］王新新，潘洪涛．社会网络环境下的体验价值共创：消费体验研究最新动态［J］．外国经济与管理，2011，33（5）：17－24．

［73］王雪原，王宏起．基于资源观的 R&D 联盟伙伴组合选择方法研究［J］．科研管理，2012，33（6）：6－12.

［74］王玉丽．产业技术创新联盟知识共享影响因素研究［D］．大连：大连理工大学，2015.

［75］王增涛，张宇婷，蒋敏．关系网络、动态能力与中小企业国际化绩效研究［J］．科技进步与对策，2015，33（2）：91－98.

［76］魏江，郑小勇．关系嵌入强度对企业技术创新绩效的影响机制研究：基于组织学习能力的中介性调节效应分析［J］．浙江大学学报（人文社会科学版），2010，40（6）：168－180.

［77］温忠麟，刘云红，侯杰泰．调节效应和中介效应分析［M］．北京：教育科学出版社，2012.

［78］吴松强，曹刘，王路．联盟伙伴选择、伙伴关系与联盟绩效——基于科技型小微企业的实证检验［J］．外国经济与管理，2017，39（2）：17－35.

［79］吴晓波，徐松屹，苗文斌．西方动态能力理论述评［J］．国外社会科学，2006（2）：18－25.

［80］吴先明，苏志文．将跨国并购作为技术追赶的杠杆：动态能力视角［J］．管理世界，2014，30（4）：146－164.

［81］吴晓云，王建平．网络关系强度对技术创新绩效的影响——不同创新模式的双重中介模型［J］．科学学与科学技术管理，2017，38（7）：155－166.

［82］辛枫冬．网络关系对知识型服务业服务创新能力的影响研究［D］．天津：天津大学，2012.

［83］许冠南，周源，刘雪锋．关系嵌入性对技术创新绩效作

用机制案例研究 [J]. 科学学研究, 2011, 29 (11): 1728 - 1735.

[84] 谢洪明, 张霞蓉, 程聪, 等. 网络关系强度、企业学习能力对技术创新的影响研究 [J]. 科研管理, 2012, (2): 55 - 62.

[85] 谢洪明, 张霞蓉, 程聪, 等. 网络互惠程度对企业技术创新绩效的影响——外部社会资本的中介作用 [J]. 研究与发展管理, 2012, 24 (3): 49 - 55.

[86] 辛琳. 关系嵌入、企业经营绩效与关系管理 [J]. 中国管理科学, 2013, 21 (A2): 563 - 569.

[87] 辛晴. 知识网络对企业创新的影响——基于动态能力视角 [D]. 济南: 山东大学, 2011.

[88] 徐梦丹. 产学研伙伴匹配性、知识共享与合作绩效的关系研究 [D]. 广州: 华南理工大学, 2018.

[89] 徐宁, 徐鹏, 吴创. 技术创新动态能力建构及其价值创造效应——来自中小上市公司的经验证据 [J]. 科学学与科学技术管理, 2014, 35 (8): 125 - 134.

[90] 徐宁, 徐向艺. 控制权激励双重性与技术创新动态能力——基于高科技上市公司面板数据的实证分析 [J]. 中国工业经济, 2012 (10): 109 - 121.

[91] 熊彼特. 经济发展理论 [M]. 北京: 商务印书馆, 1997.

[92] 熊胜绪, 崔海龙, 杜俊义. 企业技术创新动态能力理论探析 [J]. 中南财经政法大学学报, 2016 (3): 32 - 37.

[93] 熊胜绪, 方晓波, 李宏贵. 基于互补资产的企业技术创新理论与政策研究 [M]. 北京: 中国社会科学出版社, 2014.

［94］熊胜绪，李婷，马自星．互补知识对企业技术创新绩效的影响研究——技术创新动态能力的中介作用［J］．珞珈管理评论，2017，16（4）：44－59．

［95］熊胜绪，李婷．组织柔性对企业创新绩效的影响［J］．中南财经政法大学学报，2019（2）：138－146．

［96］谢卫红，李忠顺，屈喜凤，等．网络关系强度与企业技术创新关系实证研究［J］．科学学与科学技术管理，2015，35（5）：62－73．

［97］薛卫，雷家骕，易难．关系资本，组织学习与研发联盟绩效关系的实证研究［J］．中国工业经济，2010，4（4）：89－97．

［98］薛伟贤，张娟．高技术企业技术联盟互惠共生的合作伙伴选择研究［J］．研究与发展管理，2010，22（1）：82－89．

［99］徐小三，赵顺龙．知识基础互补性对技术联盟的形成和伙伴选择的影响［J］．科学学与科学技术管理，2010，31（3）：101－106．

［100］谢言，高山行，江旭．外部社会联系能否提升企业自主创新？——一项基于知识创造中介效应的实证研究［J］．科学学研究，2010，28（5）：77－84．

［101］向永胜，魏江．集群企业内外商业、技术网络关系嵌入对创新能力的作用研究［J］．科学学与科学技术管理，2013，34（3）：51－57．

［102］严焰，池仁勇．R&D投入、技术获取模式与企业创新绩效——基于浙江省高技术企业的实证［J］．科研管理，2013，34（5）：48－55．

［103］杨百寅，连欣，马月婷．中国企业组织创新氛围的结构和测量［J］．科学学与科学技术管理，2013，34（8）：43－55.

［104］杨斌，王学东．基于社会网络嵌入性视角的虚拟团队中知识共享过程研究［J］．情报科学，2009，27（2）：1765－1769.

［105］杨冬冬．高新企业技术创新动态能力提升研究［J］．科学管理研究，2015，33（5）：78－81.

［106］杨鹏鹏，袁治平．企业家社会资本影响企业动态能力的机理分析［J］．情报杂志，2008，27（9）：146－150.

［107］杨宜苗，康琳敏．社会关系网络、动态营销能力、主导行为与零售分店成长［J］．学术研究，2017（4）：103－112.

［108］杨锐，夏彬．网络关系构建及其对企业成长绩效影响研究［J］．科研管理，2016，37（5）：103－111.

［109］尤成德，刘衡，张建琦．关系网络、创业精神与动态能力构建［J］．科学学与科学技术管理，2016，37（7）：135－147.

［110］于红剑．新创企业外部网络关系品质、内部能力与成长绩效研究［D］．杭州：浙江大学，2007.

［111］岳鹄，朱怀念，张光宇，等．网络关系、合作伙伴差异性对开放式创新绩效的交互影响研究［J］．管理学报，2018，15（7）：1018－1024.

［112］岳金桂，于叶．技术创新动态能力与技术商业化绩效关系研究——环境动态性的调节作用［J］．科技进步与对策，2019，36（10）：91－98.

［113］曾萍，蓝海林．组织学习、知识创新与动态能力：机制和路径［J］．中国软科学，2009（5）：135－146.

［114］翟学伟．"亲亲相隐"的再认识——关系向度理论

的解释［J］. 江苏行政学院学报，2019（1）：50－59.

［115］赵岑，姜彦福. 中国企业战略联盟伙伴选择特征匹配标准实证研究［J］. 科学学研究，2010，28（4）：558－565.

［116］张方华. 网络嵌入影响企业创新绩效的概念模型与实证分析［J］. 中国工业经济，2010（4）：110－119.

［117］张国峥. 组织氛围对员工知识共享的影响研究［D］. 西安：西北工业大学，2015.

［118］张克永. 开放式创新社区知识共享研究［D］. 长春：吉林大学，2017.

［119］张明. 开放式创新网络知识共享行为研究［D］. 北京：北京理工大学，2015.

［120］章威. 基于知识的企业动态能力研究——嵌入性前因及创新绩效结果［D］. 杭州：浙江大学，2009.

［121］张秀娥，姜爱军，张梦琪. 网络嵌入性、动态能力与中小企业成长关系研究［J］. 东南学术，2012（11）：61－69.

［122］郑刚，颜宏亮，王斌. 企业动态能力的构成维度及特征研究［J］. 科技进步与对策，2007，24（3）：90－93.

［123］周文辉. 知识服务、价值共创与创新绩效——基于扎根理论的多案例研究［J］. 科学学研究，2015，23（4）：567－573，626.

［124］祝志明，杨乃定，高婧. 动态能力理论：源起、评述与研究展望［J］. 科学学与科学技术管理，2008，29（9）：128－135.

［125］邹东涛，陈志云. 技术创新模式下的社会资本与网络关系的影响研究［J］. 浙江工商大学学报，2018（1）：66－76.

［126］Adner R, Helfat C E. Corporate effects and dynamic managerial capabilities ［J］. Strategic Management Journal, 2003, 24（10）: 1011 – 1025.

［127］Ahuja G. Collaboration networks, structural holes, and innovation: A longitudinal study ［J］. Administrative Science Quarterly, 2000, 45（3）: 425 – 455.

［128］Ahuja G, Katila R. Technological acquisitonss and the innovaton performance of acquiring firms: A longitudinal study ［J］. Strategic Management Journal, 2001, 22（3）: 197 – 20.

［129］Ahuja G, Sdda G, Zaheer A. The genesis and dynamics of organizational networks ［J］. Organization Science, 2012, 23（2）: 434 – 448.

［130］Alegre J, Lapiedra R, Chiva R. A measurement scale for product innovation performance ［J］. European Journal of Innovation Management, 2006, 9（4）: 333 – 346.

［131］AlfredoV, Matteo C, Ulrike M. Establishment modes and network relationshiphips of foreign subsidiaries ［J］. International Business Review. 2014, 28（7）: 142 – 159.

［132］Amabile T M, Conti R, Coon H, et al. Assessing the work environment for creativity ［J］. The Academy of Management Journal, 1996, 39（5）: 1154 – 1184.

［133］Amabile T M. Creativity in context: Update to the social psychology of creativity ［M］. Boulder, CO: West View Press, 1996.

［134］Anderson J C, Narus J A. A model of distributor firm and manufacturing working relationships ［J］. Journal of Marketing,

2007, 61 (1): 42 – 58.

[135] Andriopoulos C, Lewis M W. Managing innovation paradoxes: Ambidexterity lessons from leading product design companies [J]. Long Range Planning, 2010, 43 (1): 104 – 122.

[136] Anon. Organisation for economic co-operation and development. The measurement of scientific and technological activities: Proposed guidelines for collecting and interpreting technological innovation data: Oslo Manual [M]. OECD, 1997.

[137] Ariela C, Angelo D. Why firms collaborate [M]. Controlling Collaboration Between Firms, 2009: 13, 15 – 25.

[138] Baba Y, Shichijo N, Sedita S R. How do collaborations with universities affect firms' innovative performance? The role of "Pasteur scientists" in the advanced materials field [J]. Research Policy, 2009, 38 (5): 756 – 764.

[139] Barbalet, J M. Social emotion: Confidence, trust and loyalty in international [J]. Journal of Sociology and Social Policy, 1996, 16 (9/10): 75 – 96.

[140] Barney J B. Firm resources and sustainable competitive advantage [J]. Journal of Management, 1991, 17 (1): 99 – 120.

[141] Bernadin H J, Kane JS. Performance appraisal: A contingency approach to system development and evaluation [M]. Amazon. co. uk: Books, 1993: 92 – 112.

[142] Boh W F, Evaristo R, Ouderkirk A. Balancing breadth and depth of expertise for innovation: A 3M story [J]. Research Policy, 2014, 43 (2): 349 – 366.

[143] Bonner J M, Kim D, Cavusgil S T. Self-perceived strategic network identity and its effects on market performance in alliance relationshiphips [J]. Journal of Business Research, 2015, 58 (10): 1371 – 1380.

[144] Borch O J, Arthur M B. Strategic networks among small firms: Implications for strategy research methodology [J]. Journal of Management Studies, 1995, 32 (4): 419 – 442.

[145] Borgatt S P, Halgin D S. On network theory [J]. Organization Science, 2011, 22 (5): 1168 – 1181.

[146] Bourdieu P. The forms of capital [A]. In: Richardson J (Ed.), Handbook of theory and research for the sociology of education [C]. Greenwood, New York, 1986: 241 – 259.

[147] Brian Uzzi. Social structure and competition in interfirm networks: The paradox of embeddedness [J]. Administrative Science Quarterly, 1997, 42 (1): 35 – 67.

[148] Brouthers C, Pritzl R. Developing strategic alliances [J]. European Management Journal, 1992, 10 (4): 412 – 421.

[149] Brouthers K D, Brouthers L E, Wilkinson T J. Strategic alliances: Choose your partners [J]. Long Range Planning, 1995, 28 (3): 18 – 25.

[150] Burt R S. Structural holes and good ideas [J]. American Journal of Sociology, 2004, 110 (2): 349 – 399.

[151] Burt R S. Structural holes: The social structure of competition [M]. Cambridge, MA: Harvard University Press, 1992.

[152] Cabanelas P, Omil J C, Vazquez X H. A methodology

for the construction of dynamic capabilities in industrial networks: The role of border agents [J]. Industrial Marketing Management, 2013, 42 (Special SI): 992 – 1003.

[153] Cambell J P, Mchenry J J, Wise L L. Modeling job performance in population of jobs [J]. Personnel Psychology, 1990, 43 (4): 313 – 333.

[154] Chang Y S. Bonding ties, bridging ties, and firm performance: The moderating role of dynamic capabilities in networks [J]. Journal of Business-to-Business Marketing, 2019, 26 (2): 159 – 176.

[155] Cheng C C, Chen J S. Breakthrough innovation: The roles of dynamic innovation capabilities and open innovation activities [J]. Journal of Business & Industrial Marketing, 2013, 28 (5): 444 – 454.

[156] Chen J, Chen Y, Vanhaverbeke W. The influence of scope, depth, and orientation of external technology sources on the innovative performance of Chinese firms [J]. Technovation, 2011, 31 (8): 362 – 373.

[157] Chen Y S, Hu M C. The impact of task motivation and organizational innovative climate on adult education teachers' creative teaching performance: An analysis of hierarchical linear modeling [J]. Bulletin of Education Psychology, 2008, 40 (3): 179 – 198.

[158] Chetty S, Blankenburg Holm D. Internationalisation of small to medium-sized manufacturing firms: A network approach [J]. International Business Review, 2000, 9 (1): 77 – 93.

［159］Chung S，Singh H，Lee K. Complementarity，status similarity and social capital as drivers of alliance formation ［J］. Strategic Management Journal，2000，21（1）：1 –22.

［160］Cohen W，Levin R. Empirical studies of innovation and market structure ［A］// Schmalensee R，Willig R D. Handbook of Industrial Organization（Ⅱ）［C］. Elsevier：Amsterdam，1989：1059 –1107.

［161］Coleman J S. Social capital in the creation of human capital ［J］. American Journal of Sociology，1988（94）：95 –120.

［162］Coleman J S. Foundations of Social Theory ［M］. Boston：Harvard University Press，1994：99.

［163］Cantner U，Meder A. Technological proximity and the choice of cooperation partner ［J］. Journal of Economic Interaction and Coordination，2007，2（1）：45 –65.

［164］Danneels E. The dynamics of product innovation and firm competency ［J］. Strategic Mansgement Journal，2002，23（12）：1095 –1121.

［165］Dasgupta P. Trust as a commodity ［A］//Gambetta D. Trust：Making and Breaking Cooperative relationship ［C］. Oxford：Basil Blackwell，1988：47 –71.

［166］Daskalakis M，Kauffeld M M. On the dynamics of knowledge generation and trust building in regional innovation networks：A multi method approach ［J］. Agent-Based Economics，2007（5）：278 –296.

［167］Davenport T，Leibold M，Voelpels S. Strategy approach and tools for dynamic innovation capabilities ［J］. Strategic Management in the Innovation Economy, 2006, 29 (3): 89 – 120.

[168] Dosi G, Nelson R, Winter S. Introduction: The nature and dynamics of organizational capabilities [M]. Oxford: Oxford University Press, 2000.

[169] Doving E, Gooderham P N. Dynamic capabilities as antecedents of the scope of related diversification: The case of small firm accountancy practices [J]. Strategic Management Journal, 2008, 29 (8): 841 – 857.

[170] Drnevich P L, Kriauciimas A P. Clarifying the conditions and limits of the contributions of ordinary and dynamic capabilities to relative firm performance [J]. Strategic Management Journal, 2011, 32 (3): 254 – 279.

[171] Drucker P F. Post-capitalist society [M]. London: Oxford, Butterworth Heinemann, Harper Business, 1993.

[172] Dyer J H, Singh H. On the relational view: Response to relational view commentary [J]. Academy of Management Review, 1999, 24 (2): 184 – 207.

[173] Dyer J H, Singh H. The relational view: Cooperative strategy and sources of interorganizational competitive advantage [J]. Academy of Management Review, 1998, 23 (4): 660 – 679.

[174] Eisenhardt K M, Martin J A. Dynamic capabilities: What are they? [J]. Strategic Management Journal, 2000, 21 (10/11): 1105 – 1121.

[175] Eisenstadt S, Roniger L. Patrons, clients and friends [M]. Cambridge, England: Cambridge University Press, 1984: 16

-17.

[176] Enterprise. Relational networks among Asian and western firms [J] . Asia Pacific Journal of Management, 2002, 19 (4): 353 - 372.

[177] Erick P W, Benny K C, Otávio B D, et al. Interorganizational cooperation in tourist destination: Building performance in the hotel industry [J]. Tourism Management, 2019, 72: 340 - 351.

[178] Erlinda N Y. Leveraging supply chain collaboration in pursuing radical innovation [J]. International Journal of Innovation Science, 2018, 10 (3): 350 - 370.

[179] Franzoni C. Opportunity recognition intechnology transfer organizations [J]. International Entrepreneurship&Management Journal, 2007, 3 (1): 5 - 67.

[180] Freel M S, Harrison R T. Innovation and cooperation in the small firm Sector: Evidence from' Northern Britain' [J]. Regional Studies, 2006, 40 (4): 289 - 305.

[181] Freeman C. The economics of dustrial innovation [M]. MIT Press, 1982: 12.

[182] Freeman J, Barley S R. The strategic analysis of interorganizational relationship in biotech-nology [M]. The Strategic Management of Technological Innovation, Wiley, Chichester, 1990: 127 - 156.

[183] Galaskiewicz J, Zaheer A. Networks of competitive advantage [A] //Andrews S, Knoke D. Research in the sociology of organization [C]. Greenwich, Connecticut: JAI Press, 1999: 237 - 261.

[184] Geringer J M. Selection of partner for international jointventure [J]. Business Quarterly, 1988, 53 (2): 31 – 36.

[185] Gianni L, Andrea L, The leveraging of interfirm relationshiphips as a distinctive organizational capability: A longitudinal study [J]. Strategic Management Journal, 1999, 20 (4): 317 –338.

[186] Good D. Individuals, interpersonal relatios and trust [A] //Gambetta D. Trust: Making and Breaking Cooperative relationship [C]. Oxford: Basil Blackwell, 1988: 31 –48.

[187] Granovetter M S. Economic action and social structure: The problem of embeddedness [J]. American Journal of Sociology, 1985, 91 (3): 481 –510.

[188] Granovetter M S. The strength of weak ties [J]. American Journal of Sociology, 1973, 78: 1360 – 1380.

[189] Granovetter M S. The strength of weak ties: A network theory revisited [J]. Sociological Theory, 1983, 1 (1): 201 –233.

[190] Grant R M. Toward a knowledge-based theory of the firm [J]. Strategic Management Journal, 1996, 17 (Special Issue): 109 – 122.

[191] Griffin A, Page A L. An interim report on measuring product development success and failure [J]. Journal of Product of Innovaton Management, 1993, 14 (10): 291 –308.

[192] Gulati R M. Alliances and networks [J]. Strategic Management Journal, 1998, 19 (4), 293 –317.

[193] Gulati R. Dependence asymmetry and joint dependence in interorganizational relationshiphips: Effects of embeddedness on

exchange performance ［J］. Administrative Science Quarterly, 2007, 52 (1): 32 – 69.

［194］ Gulati R, Lavie D, Singh H. The nature of partnering experience and the gains from alliances ［J］. Strategic Management Journal, 2009, 30 (11): 1213 – 1233.

［195］ Gulati R, Nohria N, Zaheer A. Strategic networks ［J］. Strategic Management Journal, 2000, 21 (3): 203 – 215.

［196］ Hakanson L. Managing cooperative research and develop-ment: Partner selection and contract design ［J］. R&D Manage-ment, 1993, 23 (4): 273 – 285.

［197］ Hao B, Feng Y A. How networks influence radical inno-vation: The effects of heterogeneity of network ties and crowding out ［J］. Journal of Business & Industrial Marketing, 2016, 31 (6): 758 – 770.

［198］ Hagedoorn J, Cloodt M. Measuring innovative perform-ance: Is there an advantage in using multiple indicators? ［J］. Re-search policy, 2003, 32 (8): 1365 – 1379.

［199］ Hayes A F. Introduction to mediation, moderarion and conditional process analysis: A regression-based approach ［J］. Journal of Educational Measurament, 2013, 51 (3): 335 – 337.

［200］ Heimeriks K H, Duysters G. Alliance capability as a mediator between experience and alliance performance: An empirical investigation into the alliance capability development process ［J］. Journal of Management Studies, 2007, 44 (1): 25 – 49.

［201］ Helfat C E. Know-how and asset complementarity and

dynamic capability accumulation: The case of R&D [J]. Strategic Management Journal, 1997, 18 (5): 339 – 360.

[202] Helfat C E, Peteraf M A. The dynamic resource-based view: Capability lifecycles [J]. Strategic Management Journal, 2003, 24 (10): 997 – 1010.

[203] Helfat C E. Stylized facts, empirical research and theory development in management [J]. Strategic Organization, 2007, 5 (2): 185 – 192.

[204] Hennart J F. Explaining the swollen middle: Why most transactions are a mix of market and hierarchy [J]. Organization Science. 1993, 4 (4): 529 – 47.

[205] Hite J M. Patterns of multidimensionality among embedded network ties: A typology of relational embeddedness in emerging entrepreneurial firms [J]. Strategic Organization, 2003, 1 (1): 9 – 49.

[206] Hitt M A, David A M, Tina D E. The institutional effects on strategic alliance partner selection in transition economics: China vs Russia [J]. Organization Science, 2004, 15 (2): 173 – 185.

[207] Hobday M. Innonation in east Asia: The challenge to Japan [M]. Cheltenham, UK: Edward Elgar Publishing, 1995.

[208] Ho Y C, Tsai TH. The impact of dynamic cabilitieswith market orientation and resoucre-based approaches on NPD poject peformance [J]. Jounral of Ameirecan Academy of Business, 2006, 8 (1): 85 – 122.

[209] Huggins R. Forms of network resource: Knowledge ac-

cess and role of inter – firm networks ［J］. International Journal of Management Reviews, 2010, 12 (3): 335 – 352.

［210］ Hu L, Bender, P M. Cutoff criteria for fit indexes in covariance structure analysis: Conventional criteria versus new alternatives ［J］. Structural Equation Modeling: A Multidisciplinary Journal, 1999, 6 (1): 1 – 55.

［211］ Humphrey J, Schmitz H. Governance and upgrading in globle value chains ［R］. Paper for the Bellagio Value Chain Workshop, 2000.

［212］ Hwang K K. Face and Favor: The Chinese power game ［J］. American Journal of Sociology, 1987, 92 (4): 944 – 974.

［213］ Inkpen A C, Currall S C. The coevolution of trust, control, and learning in joint ventures ［J］. Organization Science, 2004, 15 (5): 586 – 599.

［214］ Jack S L. The role, use and activation of strong and weak network ties: A qualitative analysis ［J］. Journal of Management Studies, 2005, 42 (6): 1233 – 1250.

［215］ Jarillo C J. On strategic networks ［J］. Strategic Management Journal, 1988, 9 (1): 31 – 41.

［216］ Jeffrey H, Kentaro N. Creating and managing a high-performance knowledge-sharing network: the toyota Case ［J］. Strategic Management Journal, 2000, 21 (3): 345 – 367.

［217］ Jetter A J, Munkongsujarit S. The impact of social capital on the outcomes of innovation intermediation process ［J］. Technology Management in the It – driv, 2013, 34 (17): 800 – 806.

［218］Johanson J, Mattson L G. Interorganizational relationship in industrial systems: A network approach compared with the transaction-cost approach ［J］. International Studies of Management and Organization, 1987, 17 （1）: 34 –48.

［219］Julia L. Network embeddednessand technology transfer performance in R&D consortia in Taiwan ［J］. Technovation, 2009, 29 （11）: 763 –774.

［220］Julie M H, William S H. The evolution of firm networks: From emergence to early growth of the firm ［J］. Strategic Management Journal, 2001, 22 （3）: 275 –286.

［221］Ken D. The role of trust in innovation ［J］. Learning Organization, 2009, 16 （4）: 311 –325.

［222］Lane P J, Lubatkin M. Relative absorptive capacity and interorganizatioal learning ［ J ］. Strategic Management Journal, 1998, 19 （5）: 461 –477.

［223］Lee J, Kim C, Shin J. Technology opportunity discovery to R&D planning: Key technological performance analysis ［J］. Technological Forecasting and Social Change, 2017, 11 （19）: 53 –63.

［224］Lee R P. Extending the environment-strategy-performance framework: The roles of multinational corporation network strength, market responsiveness, and product innovation ［ J ］. Journal of International Marketing, 2010, 18 （4）: 58 –73.

［225］Leila A, Kamran R. How do network resources affect firms' network-oriented dynamic capabilities? ［J］. Industrial marketing management, 2018, 71 （6）: 79 –94.

［226］Leoncini R，Vertova G. Dynamic capabilities：Evolving organizations in evolving（technological）systems［J］. Bergamo E-conomies Working Paper，2003（4）.

［227］Lhuillery S，Pfister E. R&D cooperation and failures in innovation projects：Empirical evidence from French CIS data［J］. Research Policy，2009，38（1）：45 – 57.

［228］Li H，Zhang Y. The role of managers' political networking and functional experience in new venture performance：Evidence from China's transition economy［J］. Strategic Management Journal，2007，28（8）：791 – 804.

［229］Li J J，Poppo L，Zhou K Z. Do managerial ties in China always produce value? competition，uncertainty，and domestic vs. foreign firms［J］. Strategic Management Journal，2008，29（4）：383 – 400.

［230］Li J J，Zhou K Z，Shao A T. Competitive position，managerial ties，and profitability of foreign firms in China：An inter-active perspective［J］. Journal of International Business Studies，2009，40（5）：339 – 352.

［231］Lin B W，Chen J S. Corporate technology portfolios and R&D performance measures：A study of technology intensive firms［J］. R&D Management，2005，35（2）：157 – 170.

［232］Luo Y D，Chen M. Does Guanxi influence firm perform-ance?［J］. Asia Pacific Journal of Management，1997，14：1 – 16.

［233］LuoY D. Dynamic capabilities in international expansion［J］. Journal of World Business，2000，35（4）：355 – 378.

[234] Luo Y D, Huang Y, Wang S L. Guanxi and organizational performance: A meta-analysis [J]. Management and Organization Review, 2011, 8 (1): 139 – 172.

[235] Madhavan R, Koka B R, Prescott J E. Networks in transition: How industry events (Re) shape interfirm relationshiphips [J]. Strategic Management Journal, 1998, 19 (5): 439 –459.

[236] Mahmood I P, Zhu H, Zajac E J. Where can capabilities come from? Network ties and capability acquisition in business groups [J]. Strategic Management Journal, 2011, 32 (8): 820 –848.

[237] Małgorzata D. Knowledge based development of innovative companies within the framework of innovation networks [J]. Innovation Management, Policy & Practice, 2015, 17 (3): 323 –340.

[238] March J G. Exploration and exploitation in organizational learning [J]. Organization Science, 1991, 2 (1): 71 –87.

[239] María J R, Gloria P R, Manuel G V, et al. How does the closure of interorganizational relationshiphips affect entrepreneurial orientation? [J]. Business Research Quarterly, 2017, 20 (3): 178 –191.

[240] María J O, Marisa F. The impact of technological opportunities and innovative capabilities on firms' output innovation [J]. Creativity and Innovation Management, 2003, 12 (3): 137 –144.

[241] Mariotti F, Delbriedge R. Overcoming network overload and redundancy in interorganizational networks: The roles of potential and latent ties [J]. Organization Science, 2012, 23 (2): 511 –528.

[242] Mason C. Strategic alliances: Partnering for success [J]. Management Review, 1993, 82 (5): 10 –15.

［243］Mathis S N. Andrew C，Katherine J K. The coevolution of network ties and perceptions of team psychological safety ［J］. Organization Science，2012，23（2）：564 – 581.

［244］McEvily B，Marcus A. Embedded ties and the acquisition of competitive capabilities ［J］. Strategic Management Journal，2005，26（11）：1033 – 1055.

［245］Meyer M H，Utterback J M. The product family and the dynamics of core capability ［J］. Sloan Management Review，1993，34（3）：29 – 47.

［246］Miles R E，Snow C C. Causes of failure in network organizations ［J］. California Management Review，1992，34（4）：53 – 79.

［247］Mohamed M Z，Richards T. Assessing and comparing the innovativeness and creative climate of firms ［J］. Journal of Management，1996，12（2）：109 – 121.

［248］Mohr J，Spekman R. Characteristics of partnership success：Partnership attributes，communication behavior，and conflict resolution techniques ［J］. Strategic Management Journal，1994，15（2）：135 – 152.

［249］Mora V E，Montoro S A，Guerras M L. Determining factors in the success of R&D cooperative agreements between firms and research organizations ［J］. Research Policy，2004，33（1）：17 – 40.

［250］Morgan R M，Hunt S D. The commitment-trust theory of relationshiphip marketing ［J］. Journal of Marketing，1994，58

（3）：20 – 38.

［251］Morten T H. The search-transfer problem：The role of weak ties in sharing knowledge across organization subunits ［J］. Administrative Science Quarterly, 1999, 44 （1）：82 – 111.

［252］Mu J F, Peng G, Love E. Interfirm networks, social capital, and knowledge flow ［J］. Journal of Knowledge Management, 2008, 12 （4）：86 – 100.

［253］Musteen M, Francis J, Datta D K. The influence of international networks on internationalization speed and performance：A study of Czech SMEs ［J］. Journal of World Business, 2010, 45 （3）：197 – 205.

［254］Nathaniel C O. The dynamics of technological innovation capability on new product development and industry's performance：A study of nigerian iron and steel industry ［J］. Journal of Business Management & Economics, 2015, 3 （7）：1 – 8.

［255］Nee V. A theory of market transition：From redistribution to markets in state socialism ［J］. American Sociological Review, 1989, 54 （5）：663 – 681.

［256］Nee V. Social inequalities in reforming state socialism：Between redistribution and markets in China ［J］. American Sociological Review, 1991. 56：267 – 282.

［257］Newey L R, Zahra S A. The evolving firm：How dynamic and operating capabilities interact to enable entrepreneurship ［J］. British Journal of Management, 2009, 20 （Suppl 1）：81 – 100.

［258］Norhadilah A H, Azmawani A R. A systematic literature

review on the success factor of innovation commercialization perform-ance [J]. International Symposium on Technology Management and Emerging Technologies, 2014, 35 (5) 27 - 29.

[259] Otley. Performance management: A frame-work for man-agement control systems research [J]. Management Accounting Re-search, 1999 (10): 363 - 382.

[260] Ouchi W G. Markets, bureaucracies and clans [J]. Administrative Science Quareterly, 1980, 25 (2): 129 - 141.

[261] Ou Y C, Hsu L C, Ou S L. Social capital and dynamic capability driving competitive advantage: The moderating role of cor-porate governance [J]. International Business Research, 2015, 8 (5): 167 - 195.

[262] Park S H, Luo Y D. Guanxi and organizational dynam-ics: Organizational networking in Chinese firms [J]. Strategic Man-agement Journal, 2001, 22: 455 - 477.

[263] Peng M W. Firm growth in transitional economies: Three longitudinal cases from China, 1989 - 1996 [J]. Organization Studies, 1997, 18 (3): 385 - 413.

[264] Peng M W. Institutional transitions and strategic choices [J]. Academy of Management Review, 2003, 28 (4): 275 - 296.

[265] Peng M W, Luo Y D. Managerial ties and firm perform-ance in a transition economy: The nature of a micro-macro link [J]. Academy of Management Journal, 2000, 43 (3): 486 - 501.

[266] Penrose E. The theory of the growth of the firm [M]. New York: Oxford University Press, 1959.

［267］ Peteraf M A. The cornerstones of competitive advantage: A resource-based view ［J］. Strategic Management Journal, 1993, 14 （3）: 179 – 191.

［268］ Pfeffer J. Merger as a response to organizational interdependence ［J］. Administrative Science Quarterly, 1972, 17 （3）: 382 – 394.

［269］ Pfeffer J, Salancik G R. The external control of organizations: A resource dependence perspective ［M］. New York: Harper & Row, 1978.

［270］ Pinho J, Carlos M R. Social capital and dynamic capabilities in international performance of SMEs ［J］. Strategic Management Journal, 2011, 4 （4）: 404 – 421.

［271］ Pinho J C, Prange C. The effect of social networks and dynamic internationalization capabilities on international performance ［J］. Journal of World Business, 2016, 51 （3）: 391 – 403.

［272］ Podsakoff P M, Mackenzie S B, Lee J Y, et al. Common method biases in behavioral research: A critical review of the literature and recommended remedies ［J］. Journal of Applied Psychology, 2003, 88 （5）: 879 – 903.

［273］ Porter M E. Competitive advantage ［M］. New York: Free Press, 1980.

［274］ Porter M E. Competitive strategy ［M］. New York: Free Press, 1980.

［275］ Powell W W. Hybrid organizational arrangements: New forms or transitional development ［J］. California Management Review, 1987, 30 (1): 67 – 87.

[276] Powell W W. Neither market nor hierarchy: Network forms of organization [J]. Research in Organizational Behavior, 1990, 12: 295 – 336.

[277] Powell W W, Kogut K W, Smith D L. Inter-organizational collaboration and the locus of innovation: Networks of learning in biotechnology [J]. Administrative Science Quarterly, 1996, 41 (1): 116 – 145.

[278] Pritchard W, Robert D, Leonard D, et al. The effects of varing schedules of reiforcement on human task performance [J]. Organizational Behavior and Human Performance, 1976, 16 (2): 205 – 215.

[279] Protogerou A, Caloghirou Y, Lioukas S. Dynamic capabilities and their indirect impact on firm performance [J]. Industrial and Corporate Change, 2012, 21 (3): 615 – 647.

[280] Putnam R D. Tuning in, tuning out: The strange disappearance of social capital in American [J]. Political Science and Politics, 1995b, 16 (10): 664 – 683.

[281] Rake B. Determinants of pharmaceutical innovation: The role of technological opportunities revisited [J]. Journal of Evolutionary Economics, 2017, 27 (4): 691 – 727.

[282] Reagans R, McEvily B. Network structure and knowledge transfer: The effects of cohesion and range [J]. Administrative Science Quarterly, 2003, 48 (2): 240 – 267, 355 – 356.

[283] Richard M. Toward a synthesis of the resource-based and

dynamic-capability views of rent creation [J]. Strategic Management Journal, 2001, 22 (5): 387 –401.

[284] Rindfleisch A, Moorman C. The acquisition and utilization of information in new product alliances: a strength-of-ties perspective [J]. Journal of Marketing, 2001, 65 (2): 1 –18.

[285] Ritter T, Gemunden H. Network competence: Its impact on innocvation success and its antecedents [J]. Journal of Business Research, 2003, 56 (9): 745 –755.

[286] Rowley T, Behrens D, Krackhardt D. Redundant governance structures: An analysis of structural and relational embeddedness in the steel and semiconductor industries [J]. Strategic Management Journal, 2000, 21 (3): 369 –386.

[287] Roxenhall T. Network structure and network commitment in innovation networks [J]. World Journal of Management, 2011, 3 (1): 60 –74.

[288] Róna T K. The first shall be last? Entrepreneurship and communist cadre in the transition from socialism [J]. American Journal of Sociology, 1994, 100: 40 –69.

[289] Rowley T, Behrens D, Krackhardt D. Redundant governance structures: An analysis of structural and relational embeddedness in the steel and semiconductor industries [J]. Strategic Management Journal, 2000, 21 (3): 369 –386.

[290] Seligman A. The problem of trust [M]. New Jersey: Princeton University Press, 1997.

[291] Sheng S, Zhou K Z, Li J. The effects of business and

political ties on firm performance: Evidence from China [J]. Journal of Marketing, 2011, 75 (1): 1 – 15.

[292] Shu C, Page A L, Gao S, et al. Managerial ties and firm innovation: Is knowledge creation a missing link? [J]. Journal of Product Innovation Management, 2012, 29 (1): 125 – 143.

[293] Singh R P. Entrepreneurial opportunity recognition through social networks [M]. New York: Garland Publishing, 2000.

[294] Steensma H K, Tihanyi L, Lyles M A, et al. The evolving value of foreign partnerships in transitioning economies [J]. Academy of Management Journal, 2005, 48 (2): 213 – 235.

[295] Storper M. The resurgence of regional economies, ten years later the region as a nexus of untraded interdependencies [J]. European Urban and Regional Studies, 1995, 2 (3): 191 – 221.

[296] Subba N P. Strategy in turbulent environments: the role of dynamic competence [J]. Managerial and Decision Economics, 2001, 22 (4 – 5): 201 – 212.

[297] Teece D J. Capturing value from knowledge assets: The new economy, markets for know-how, and intangible assets [J]. Essays in Technology Management and Policy: Selected Papers of David J Teece. 2003: 47 – 73.

[298] Teece D J. Dynamic capabilities: Routines versus entrepreneurial action [J]. Journal of Management Studies, 2012, 49 (8): 1395 – 1401.

[299] Teece D J. Explicating dynamic capabilities: Nature and microfoundation [J]. Strategic Management Journal, 2007, 28

（3）：1319 – 1350.

［300］Teece D J, Pisano G, Shuen A. Dynamic capabilities and strategic management ［J］. Strategic Management Journal, 1997, 18（7）：509 – 533.

［301］Teece D J, Pisano G. The dynamic capabilities of firms: An Introduction ［J］. Industrial and Corporate Change, 1994, 3（3）：537 – 556.

［302］Thorelli H B. Networks: Between markets and hierarchies ［J］. Strategic Management Journal, 1986, 7（1）：37 – 51.

［303］Timothy K, Michael H. Global marketing networks and the development of trust: A dynamic capabilities perspective ［J］. Journal of Marketing Channels, 2004, 11（4）：21 – 41.

［304］Uzzi B. Social structure and competition in interfirm networks: The paradox of embeddedness ［J］. Administrative Science Quarterly, 1997, 42（1）：35 – 67.

［305］Uzzi B. The sources and consequences of embeddedness for the economic performance of organizations: The network effect ［J］. American Sociological Review, 1996, 61：674 – 698.

［306］Van D V, Jong J P, Vanhaverbeke W, et al. Open innovation in SMEs: Trends, motives and management challenges ［J］. Technovation, 2009, 29（6）：423 – 437.

［307］Wadell C. Leveraging user relationshiphips for innovation within sustained producer-user ecosystems: Observations from the medical technology industry ［J］. International Journal of Technology Management, 2014, 61（3 – 4）：293 – 308.

［308］ Wang C L, Ahmed P K. Dynamic capabilities: A review and research agenda ［J］. International Journal of Management Reviews, 2007, 9 (1): 31 – 51.

［309］ Wang C L, Senartne C, Rifiq M. Success traps, dynamic capabilities and firm performance ［J］. British Journal of Management, 2015, 26 (1): 26 – 44.

［310］ Wann Y W, Hsi A S, Hui C C. The analytic network process for partner selection criteria in strategic alliances ［J］. Expert Systems with Applications, 2009, 32 (36): 4646 – 4653.

［311］ Wernerfelt B. The resource-based view of the firm ［J］. Strategic Management Journal, 1984, 5 (2): 171 – 180.

［312］ Williamson E O. Transaction-cost economics: The governance of contractual relation ［J］. Journal of Law and Economics, 1979, 22 (10): 233 – 261.

［313］ Winter S G. Understanding dynamic capability ［J］. Strategic Management Journal, 2003, 24 (10): 971 – 995.

［314］ Won Y O, Vincent L B. Not All ties are equal: CEO outside directorships and strategic imitation in R&D investment ［J］. Journal of Management, 2018, 44 (4): 1312 – 1337.

［315］ Wu J. Asymmetric roles of business ties and political ties in product innovation ［J］. Journal of Business Research, 2011, 64 (11): 1131 – 1156.

［316］ Wu L Y. Applicability of the resource-based and dynamic-capability views under environmental volatility ［J］. Journal of Business Research, 2010, 63 (1): 27 – 31.

[317] Wu L Y. Entrepreneurial resources dynamic capabilities and start-up performance of Taiwan's high-tech firms [J]. Journal of Business Research, 2007, 60 (5): 549 –555.

[318] Wu L Y. Resources, dynamic capabilities and performance in a dynamic environment: Perceptions in Taiwaness IT enterprise [J]. Information &Management, 2006 (4): 447 –454.

[319] Xiao Z, Tsui A S. When brokers may not work: The cultural contingency of social capital in Chinese high-tech firms [J]. Administrative Science Quarterly, 2007, 52 (1): 1 –31.

[320] Yayavaram S, Srivastava M K, Sarkar M B. Role of search for domain knowledge and architectural knowledge in alliance partner selection [J]. Strategic Management Journal, 2018, 39 (14): 87 –126.

[321] Yuan Y C, Fulk J, Monge P R, et al. Expertise directory development, shared task interdependence, and strength of communication network ties as multilevel predictors of expertise exchange in transactive memory work groups [J]. Communication Research, 2010, 37 (1): 20 –47.

[322] Zahra S A, George G. Absorptive capacity: A review, reconceptualization, and extension [J]. Academy of Management Review, 2002, 27 (2): 185 –203.

[323] Zahra S A, Sapienza H J, Davidsson P. Entrepreneurship and dynamic capabilities: A review, model and research agenda [J]. Journal of Management Studies, 2006, 43 (4): 917 –955.

[324] Zhang Y, Li H Y. Innovation search of new ventures in

a technology cluster: The role of ties with service intermediaries [J]. Strategic Management Journal, 2010, 31 (1): 88 – 109.

[325] Zollo M, Winter S G. Deliberate learning and the evolution of dynamic capabilities [J]. Organization Science, 2002, 13 (3): 339 – 351.

[326] Zollo M, Winter S G. From organizational routines to dynamic capabilities [M]. University of Pennsylvania, 1999.

[327] Zott C. Dynamic capabilities and the emergence of intra-industry differential firm performance: Insights from a simulation study [J]. Strategic Management Journal, 2003, 24 (2): 97 – 125.

[328] Zucker L G, Darby M R, Armstrong J S. Commercializing knowledge: University science, knowledge capture, and firm performance in biotechnology [J]. Management Science, 2002, 48 (1): 138 – 153.